AGGRESSION UND GEWALT IM AMATEURFUSSBALL

H.-Georg Lützenkirchen

AGGRESSION UND GEWALT IM AMATEUR-FUSSBALL

Wahrnehmungen und Einschätzungen aus der Praxis

Ergebnisse einer Befragung von Funktionsträgern
der Fußballkreise im Bereich
des Fußball-Verbandes Mittelrhein e.V.

Mit einem Vorwort

des Präsidenten des Fußball-Verbandes Mittelrhein e.V.

Karl-Josef Tanas

herausgegeben
im Auftrag des
Fußball-Verbandes Mittelrhein e.V.
Köln 2002

Herstellung: Books on Demand GmbH, Norderstedt
ISBN 3-00-009535-7

Inhalt

Dank

Der Verfasser dankt dem Fußball-Verband Mittelrhein e.V. für die Unterstützung zur Durchführung der vorliegenden Studie.

Ein besonderer Dank gilt den Mitgliedern der FVM-Präsidialkommission "Gewaltprävention" unter Leitung von Hans-Hermann Menzel für wichtige Informationen, Anregungen und Verbesserungsvorschläge.

Ohne die Bereitwilligkeit der Gesprächspartner aus den Fußballkreisen zur Mitarbeit wäre diese Untersuchung nicht möglich gewesen. Deshalb möchte ich ihnen auch an dieser Stelle ausdrücklich danken.

Schließlich möchte ich mich für die kollegiale Unterstützung bei der Planung und Durchführung der Interviews auch bei den 'Interviewern' bedanken. Die Interviewer waren:

Gunther Borgmann, Köln
Alexander Degeer, Köln
Bernd Hölzemann, Köln
Wolfgang Krämer, Köln
Markus Schümmer, Simmerarth

H.-Georg Lützenkirchen

Vorwort

Mit der vorliegenden Veröffentlichung der Ergebnisse einer Befragung zur Gewaltproblematik unter den Funktionsträgern in den Fußballkreisen des Verbandsgebiets setzt der Fußball-Verband Mittelrhein e.V. ein weiteres Signal in seinem Bemühen zur Eindämmung von Aggression und Gewalt auf den Amateursportplätzen.

Die Befragung, deren Ergebnisse im weiteren Verlauf des Projekts "Gegen Gewalt. Handlungsstrategien für den Umgang mit Aggression und Gewalt im Fußball" in konkrete Maßnahmen für Schiedsrichter, Trainer/Betreuer und Vereinsverantwortliche überführt werden sollen, ist die konsequente Weiterführung unserer FVM-Kampagne "Friedlich Miteinander - der Gewalt die Rote Karte". Hier haben in bislang 3042 Selbstverpflichtungserklärungen Vereine, Spieler, Trainer, Schiedsrichter, Funktionäre wie auch Zuschauer ihre Solidarität mit unserem Anliegen dokumentiert.

Der Fußball-Verband Mittelrhein e.V. versteht alle diese untereinander verbundenen Aktivitäten als vorbeugende Maßnahmen. Zwar beweist der Fußball in zahlreichen sportlichen Begegnungen, die zwischen Menschen unterschiedlicher Herkunft und Temperamente friedlich und fair stattfinden, immer wieder seinen außergewöhnlichen Beitrag zur 'Erziehung zum Miteinander'. Doch es gibt auch Ausnahmen, und sie zeigen: der Fußball ist kein abgeschotteter Raum! Gesellschaftliche Probleme finden im Fußball ihre spezifische Ausprägung. Und so kann aus einer sportlich-fairen Auseinandersetzung unvermittelt auch eine gewaltgeladene Konfliktsituation entstehen.

In ihrem Abschlußbericht "Toleranz und Fairness - Fußball ohne Gewalt", der im vergangen Jahr vom DFB-Bundestag verabschiedet wurde, beschrieb die DFB-Arbeitsgruppe "Gewaltprävention" drei vordringliche Aktionsbereiche: Bewusstmachung - Konkrete Maßnahmen - Durchsetzungsstrategien. Die vorliegenden Befragungsergebnisse zeigen nun, daß der erste Aktionsbereich bereits erfolgreich bearbeitet wurde. Unter den Verantwortlichen in den Fußballkreisen des Verbandes ist ein hohes Maß an Bewusstsein für die Problematik vorhanden. Die Ergebnisse geben darüber hinaus aber auch wichtige Hinweise auf Handlungsbedarf des zweiten Aktionsbereichs "Konkrete Maßnahmen". So werden u.a. Anforderungen an eine verbesserte Aus- und Fortbildung insbesondere der Schiedsrichter sowie der Trainer und Betreuer formuliert. Hier werden nicht nur Kenntnisse über konfliktverursachende Umstände gefordert, sondern auch soziale und kommunikative Fähigkeiten zur Konfliktentschärfung bzw. zur Vermeidung von Konflikten bereits im Vorfeld.
Diese Erkenntnisse sollen schon bald im Rahmen des dritten Aktionsbereichs "Durchsetzungsstrategien" in die Praxis umgesetzt werden.

Mit der vorliegenden Veröffentlichung will der Fußball-Verband Mittelrhein e.V. auch einen über die Verbandsgrenzen hinausweisenden Beitrag zur Bewältigung der Gewaltproblematik leisten. Wir erhoffen uns Impulse und Anregungen für eine weitergehende Diskussion, die sowohl auf der Ebene des Deutschen Fußball-Bundes wie auch bei den übrigen Mitgliedsverbänden den Präventionsgedanken fördert.

Zum Schluß möchte ich allen danken, die an der vorliegenden Befragung mitgewirkt haben, insbesondere den Praktikern in den Fußballkreisen, ohne deren Bereitschaft zur Mitwirkung ein solches Unternehmen nicht hätte durchgeführt werden können.

Karl-Josef Tanas
Präsident

Allgemeine Hinweise zur Befragung

Im Rahmen seiner Aktivitäten zur Begegnung der Gewaltfrage auf den Amateursport-plätzen[1] entschloss sich der Fußball-Verband Mittelrhein e.V. auf Empfehlung der im Jahre 2000 eingesetzten Präsidialkommission "Gewalt", eine Befragung der Funkti-onsträger in den 16 ehemaligen Fußballkreisen des Verbandes zur Einschätzung der Gewaltproblematik durchzuführen.[2] Ziel der Befragung war es, aus den Einschätzun-gen und Urteilen der Praktiker Rückschlüsse und Anhaltspunkte zu weitergehenden praktischen und konkreten Umsetzungsmaßnahmen im Umgang mit Aggression und Gewalt zu finden. Insbesondere im Hinblick auf die Bedarfe im Aus- und Fortbildungs-bereich sollten die Befragungsergebnisse Aufschluß geben.

Darüber hinaus sollte die Befragung Aufschluß darüber geben, welchen Stellenwert die Gewaltfrage im Fußballalltag mittlerweile hat. Im Einklang mit der vom DFB formu-lierten gesellschaftspolitischen Verantwortung[3] war zu erfragen, inwieweit an der Basis bereits ein Problembewusstsein vorhanden ist, das die Voraussetzung für ver-antwortungsbewußtes Handeln ist.[4]

Insgesamt wurden 63 Interviews mit folgenden Funktionsträgern aus den Fußballkrei-sen im Bereich des Fußball-Verbands Mittelrhein durchgeführt:
Kreis-Jugend-Obleute (KJO); Kreis-Jugend-Spruchkammervorsitzende (KJSK); Kreis-Spruchkammervorsitzende (KSK); Kreis-Schiedsrichter-Obleute (KSO) und Technische Obleute (TO).

Die Befragung beschränkte sich auf Funktionsträger. Das bedingt Wahrnehmungen und daraus resultierende Stellungnahmen, die zumeist durch Spielberichte und sons-tige verfahrensbedingte Nachberichte gefiltert sind. Was Spieler, Schiedsrichter und Vereinsvertreter unmittelbar erleben wird von den Funktionsträgern erst im nachhin-ein thematisiert. Die Distanz zum akuten Geschehen ermöglicht aber zugleich ein höheres Maß an Reflexion und Ursachenerforschung. Dieses Erfahrungs- und Kom-petenzpotential sollte erfragt werden.

Alle Befragungen wurden von Interviewern anhand eines Fragebogens, der den Inter-viewpartnern zum Mitlesen vorlag, durchgeführt. Die Antworten trug der Interviewer in sein Exemplar des Bogens ein. Zudem oblag es ihm, solche Informationen und Ein-stellungen zu notieren, die im Verlauf des Gesprächs zusätzlich zu den erfragten Ant-

---

1 Stellvertretend für diese Aktivitäten sei hier die Aktion "Friedlich Miteinander - Der Gewalt die Rote Karte" genannt. Die FVM-Aktion erhielt im Mai 2001 den "Goldenen Hammer", eine Auszeichnung des Landesjugendrings NRW und SOS Rassismus, für engagierte Personen, Gruppen und Initiati-ven gegen Rassismus und Gewalt.

2 Mit Beginn der Spielzeit 2001/2002 trat eine Strukturreform in Kraft. Die 16 Fußballkreise wurden zu neun Kreisen zusammengelegt.

3 Zuletzt: DFB-Arbeitsgemeinschaft "Gewaltprävention" 13.03.2000 - 13.03.2001: Toleranz und Fair-ness - Fußball ohne Gewalt. Abschlussbericht, Frankfurt, März 2001.

4 Die Befragung ist erster Teil eines weiterführenden Projekts, in dessen Verlauf neue Aus- und Fort-bildungsinhalte entwickelt und eingeführt werden sollen: Lützenkirchen, H.-Georg/ Christiane Toyka-Seid: Handlungsstrategien für den Umgang mit Aggression und Gewalt im Amateur-Fußball. Ein Projekt für SchiedsrichterInnen, TrainerInnen und Vereinsführungen (in Zusammenarbeit mit der Projektgruppe "Gegen Gewalt in Fußballsport" beim Fußballkreis 1 Köln im Fußball-Verband Mittelrhein).

worten erkenntlich wurden. Um dieser Aufgabe nachkommen zu können, wurden die Interviewer in zwei Sitzungen mit dem Fragebogen vertraut gemacht und für die Gesprächssituation geschult. Es bestand für alle Interviewten die Möglichkeit, im Verlauf einer einwöchigen Frist Nachträge und Korrekturen vorzunehmen. Von dieser Möglichkeit machte kein Gesprächspartner Gebrauch.
Die Interviewgespräche dauerten jeweils zwischen 40 Minuten und einer Stunde.

Der Fragebogen war in sechs Kapitel eingeteilt:
  1. Allgemeines zu Erscheinungsformen von Aggression und Gewalt auf den Sportplätzen (14 Fragen)
  2. Ausländische Vereine/Mannschaften, Spieler (12 Fragen)
  3. Schiedsrichter (10 Fragen)
  4. Zuschauer (4 Fragen)
  5. Fair-Play (7 Fragen)
  6. Lösungen, Perspektiven (17 Fragen)

Die inhaltlichen Schwerpunkte des Fragebogens ergaben sich aus einer zuvor durchgeführten Literaturanalyse zur Thematik Gewalt im Fußballsport[5]. Dabei sollten die verschiedenen Einzelaspekte, unter denen die Gewaltfrage auf den Sportplätzen bislang in der Literatur diskutiert wurde, zusammengefaßt und für eine Stellungnahme im Rahmen einer Befragung zugänglich gemacht werden. Auf diese Weise sollten im Bereich eines Fußballverbandes übersichtsweise Erkenntnisse und Einschätzungen zu den zentralen Aspekten der Gewaltdiskussion eingeholt werden.

Diese Absicht spiegelt sich auch in den einzelnen Fragen. Beispielhaft für diese Vorgehensweise sei an dieser Stelle die Herleitung inhaltlicher Schwerpunkte an einigen Fragen erläutert:

Die in Frage I.5. angeführte Bemerkung *"Ausländische Spieler erhalten für vergleichbare Vergehen höhere Strafen als ihre deutschen Mitspieler"* pointiert eine im Rahmen einer Auswertung von Verwaltungsentscheiden und Sportgerichtsurteilen im Bereich des Niedersächsischen Fußballverbandes festgestellte Tendenz.[6]

Die Frage I.10. nach der Einschätzung situativer bzw. persönlichkeitsspezifischer Dispositionen als Konfliktursachen greift die Überlegung auf, daß in der Ursachenanalyse komplexe Kausalketten weitaus bedeutsamer einzuschätzen sind als 'einfache' situationsbedingte Ursachen.[7]

---

5 Vergl. Literaturverzeichnis.
6 Pilz, Gunter A./ Henning Schick: Fußball und Gewalt - Auswertung der Verwaltungsentscheide und Sportgerichtsurteile im Bereich des niedersächsischen Fußballverbandes Saison 1998 - 1999, o.O. 2000 (Script) Es fällt auf, daß das harte Strafmaß "Sperren über 6 Wochen" unverhältnismäßig häufig gegen nicht-deutsche Spieler verhängt wird.
7 So: Albrecht, Dirk: Streß und Aggression im Sport, in: Pilz, Gunter/ D. Albrecht/ H. Gabler u.a.: Sport und Gewalt. Berichte der Projektgruppe "Sport und Gewalt" des Bundesinstituts für Sportwissenschaft, Schorndorf 1982, S. 245-256, s.S. 254.

Die Frage II.10. *"Glauben Sie, daß die Kategorie Ehre für ausländische Spieler/Mannschaften eine besondere Bedeutung hat?"* bezieht sich auf eine vielfach genannte Konfliktdimension bei interethnischen Kontakten im Fußball.[8]

Die in Frage IV.2. angeführten Kriterien zur Bewertung aggressiven Zuschauerverhaltens sind häufig genannte Auslöser, Motive und Dispositionen für Zuschaueraggressionen.[9]

Die Fragen V.1. und V.2. nach sogenannten "fairen Fouls" greifen Untersuchungsergebnisse zu Einstellungen zu Fair-Play auf.[10]

---

8   So etwa: Kothy, Jürgen: Konfliktdimensionen interethnischer Kontakte in Fußball-Sport, in: Klein, Marie-Luise, Jürgen Kothy (Hrsg.), Ethnisch-kulturelle Konflikte im Sport. Tagung der Dvs-Sektion Sportsoziologie vom 19. - 21.3.1997 in Willebadessen, Hamburg 1998, S. 59-73, s.S. 69.

9   So: Swoboda, Wolfgang H.: Abseits oder Anstoß? - Fragestellungen und Perspektiven der Fußballfan-Forschung, in: Kuebert, Rainer/ H. Neumann/ J. Huether/ W. Swoboda: Fußball, Medien und Gewalt. Medienpädagogische Beiträge zur Fußballfan-Forschung, München 1994, S. 51-91, s.S. 58.

10 Pilz, Gunter A.: Fairness und ihr Verständnis im sportlichen Wettkampf, oder: Die Moral des "fairen Fouls", in: Mokrosch, Reinhold/ A. Regenbogen (Hrsg.), Was heißt Gerechtigkeit? Ethische Perspektiven zu Erziehung, Politik und Religion, Donauwörth 1999, S. 215 - 227. Ders.: Fußball und Fair Play - Einstellungen zum Fair Play und Fairnessverhalten von C- und B-Jugend-Bezirksligaspielern und die Bedeutung der Trainer in der Fairnesserziehung. Kurzfassung, o.O. 2000 (Script), s.S.2: "Wie ein roter Faden zieht sich durch diese Fairnessdefinitionen der Begriff des "fairen Fouls", die Legitimation absichtlicher Regelverstöße im Interesse sportlichen Erfolges."

1. Allgemeines zu Erscheinungsformen von Aggression und Gewalt auf den Sportplätzen

"Das Gewaltproblem ist ein gesellschaftliches Problem, das viele Gesellschaftsbereiche unseres Landes tangiert. Folglich ist auch der Fußballsport betroffen."[11] Die einleitende Feststellung im Abschlussbericht der DFB-Arbeitsgruppe "Gewaltprävention" markiert eine wichtige Voraussetzung zur Beschäftigung mit der Gewaltproblematik: Der Fußballsport ist als ein Subsystem der Gesellschaft betroffen von gesellschaftlichen und sozialen Verwerfungen. Wie in allen Subsystemen bildet sich auch im Subsystem Fußballsport eine gesellschaftliche Erscheinung in besonderer und spezifischer Art ab: Das Gewaltproblem erfährt im Fußball seine ureigene Ausprägung. Das darf allerdings nicht zur Schlußfolgerung überleiten, der Fußballsport sei solchen Erscheinungen hilflos ausgeliefert. Denn wie jeder Gesellschaftsbereich verfügt auch der Fußballsport über eigene gesellschaftspolitische Verantwortung und Gestaltungsmöglichkeiten im Rahmen des Subsidiaritätsprinzips. Es gilt, diese Verantwortung anzunehmen und mit den jeweils eigenen Mitteln einen Beitrag zur Problemlösung zu leisten. Diese gegenseitige Durchdringung und Beeinflussung im Verhältnis von System und Subsystem ist eine entscheidende Voraussetzung zum Verständnis der Problemlage sowie der daraus zu entwickelnden Handlungsoptionen. Sie stellt den Bezugsrahmen dar für sämtliche Maßnahmen und Handlungen.[12]

Aggressionen oder Gewalt?

Doch bevor von einem ausdrücklichen Gewaltproblem gesprochen werden kann, gilt es zunächst zu unterscheiden zwischen akzeptiertem aggressivem Verhalten und solchem aggressivem Verhalten im (Fußball)sport, das gewalttätigem Verhalten Vorschub leistet oder selbst schon so zu beschreiben ist.[13] Grundsätzlich sind im Sport aggressive Handlungen als Teil des sportlichen Wettkampfs vorhanden. Sie 'funktionieren' in einem Bezugssystem, in dem Regeln und Normen gelten, die alle Beteiligten (SportlerInnen, SchiedsrichterInnen, TrainerInnen und ZuschauerInnen) als gültig anerkannt haben. Die Normen ergeben sich einerseits aus dem Regelwerk des Sports bzw. der jeweiligen Disziplin, andererseits aus allgemeinen Strukturen, Normen und Regeln des gesellschaftlichen Zusammenlebens. Erst wenn Handlungen nicht mehr dem anerkannten Regel- und Normensystem entsprechen, wird aggressives Handeln mit der Tendenz zu gewalttätigem Handeln akut:
"Eine Handlung im Sport ist dann als "aggressiv" [mithin gewalttätig, der Verf.] zu bezeichnen, wenn eine Person in Abweichung von sportlichen Normen mit dieser

---

11 DFB-Arbeitsgemeinschaft, Toleranz und Fairness, S.3.
12 Der Einsicht in die Eingebundenheit des Fußballsports als Subsystem im gesellschaftlichen System trägt auch die Konzeption einer Tagungsserie des DFB-Sportfördervereins bzw. seiner Nachfolgeorganisation der Egidius-Braun-Stiftung Rechnung. Die thematischen Überschriften lauten: Gewaltprävention im Fußball - Gewaltprävention durch den Fußball - Gewaltprävention im Umfeld des Fußballs.
13 Das folgende nach: Gabler, Hartmut: Aggressive Handlungen im Sport. Ein Beitrag zur theoretischen und empirischen Aggressionsforschung, Schorndorf 1986.

Handlung intendiert, einer anderen Person Schaden im Sinne einer "personalen Schädigung" zuzufügen..."[14]

In dieser Beschreibung sind sowohl die Absichten des Handelnden als auch die Folgen solchen Handelns berücksichtigt. Bezogen auf den Fußballsport lassen sich aggressive Handlungen und ihr Übergang zu gewalttätigem Handeln jetzt genauer beschreiben:
a) als 'normales' Foul, das im Rahmen des Regelwerks geahndet wird, ist aggressives Handeln als Normabweichung zu vernachlässigen;
b) als instrumentelle Aggression, die die Schädigung des Gegners einkalkuliert zum eigenen (sportlichen) Erfolg ist eine Normabweichung implizit;
c) als explizite Aggression, zu denen Revanchefouls und Beleidigungen gehören, erscheint das Handeln als bewußte Normabweichung.[15]

Zur Beurteilung einer Handlung als akzeptierte (normengerechte) Aggression oder als normabweichende Aggression (Gewalttat) sind sowohl die Absicht bei einer bestimmten Handlung (Täterperspektive) als auch die Folgen dieser Handlung (Opferperspektive) zu berücksichtigen. Beide Perspektiven spiegeln sich auch in den Beschreibungen aggressiven und gewalttätigen Handelns wieder, die in den einleitenden Fragen I.1 - I.3. nachgefragt wurden. Die am häufigsten genannten Verhaltensweisen "Schlagen", "Treten", "Spucken" werden zunächst eher vage als aggressives Verhalten beschrieben. Zugleich werden sie aber auch als typische gewalttätige Verhaltensweisen genannt. Die gleiche Handlung - so stellt sich in der Nachfrage heraus - wird erst dann als gewalttätig beschrieben, wenn sie als konkrete Tat mit der direkten Schädigung eines Anderen (des Gegners) empfunden wird. Ansonsten gelten die Verhaltensweisen eher als Hinweise und Erkennungsmerkmale eines aggressiven Potentials, d.h. als Teil einer insgesamt aggressiven Stimmung auf dem Sportplatz, die zwar ein Risiko darstellt, aber noch keine unmittelbaren Folgen zeitigt. Stellvertretend die Aussage eines Kreisspruchkammervorsitzenden: "Der Körperkontakt ist die entscheidende Grenze; Gewalt beginnt beim Anpacken des Anderen."

Bemerkenswert ist, daß in den Beschreibungen der Befragten eine Unterscheidung zwischen körperlicher und seelischer Gewalt (Beleidigungen) durchweg nicht mehr gemacht wird. Beides gilt gleichermaßen als bewußte Schädigung eines Gegenübers.
Im folgenden werden die Aussagen der Befragten zusammenfassend dokumentiert:

KJO: Die Äußerungen beschreiben mehrheitlich konkrete Aktionen als aggressives Verhalten. Die Rede ist von Schlagen, Treten, Spucken, Beleidigungen. Hinweise auf "Gesten, Gebärden" meinen eine potentiell aggressive Stimmung, deren Folgen 'noch ausstehen'. Den Zusammenhang mit Stimmungen und Einstellungen bestätigt auch eine Äußerung wie " *fängt bei Mannschaftsbesprechung an, weil sich alle gegenseitig heiß machen.*"

---

14 Gabler, Aggressive Handlungen, S. 40.
15 Es ist ebenso im Sinne der genanten Subsidiarität wie auch im Interesse der Autonomie des Fußballs, wenn alle diese Fälle in der 'eigenen' Sportgerichtsbarkeit bleiben. Hier ist dann freilich auch Transparenz und Vermittelbarkeit entscheidend für 'Glaubwürdigkeit' und Akzeptanz der Sportgerichtsbarkeit.

Die Äußerungen zu gewalttätigem Verhalten unterscheiden sich nicht mehr wesentlich von den zu aggressivem Verhalten. Auch hier werden Treten, Schlagen, Spucken, Kopfnuß, Handgreiflichkeiten, Beleidigungen und Tätlichkeiten genannt.

KJSK:
Die Äußerungen zur Kennzeichnung aggressiven Verhaltens auf den Sportplätzen lassen sich in zwei Kategorien einteilen. Aussagen wie *"Aggressionen kommen besonders von außen, von Trainern und Betreuern, bei den Kleinen vor allem von den Eltern"; "beginnt mit lautstarkem Zurufen"; "Erscheinungsbild aggressive Haltung: Ausdrucksweise, Worte, Verhalten"; "Schreien auf dem Sportplatz; wildes, nervöses Herumtoben der Trainer oder Spieler"* lassen sich als Bestandteile einer insgesamt aggressiven Stimmung interpretieren.
Die allgemeine Stimmung geht einher mit individuellen aggressiven Einstellungen. Als solche lassen sich Äußerungen wie *"Zweikämpfe, die im Spiel über normales Zweikampfverhalten hinausgehen; überharter Zweikampf"; "forsches Verhalten, gewaltfrei"; "jähzornig; laute Gestik, aus dem Jähzorn heraus entsteht Gewalt"* interpretieren. Hier wie dort bleiben die konkreten Handlungen zunächst ungenannt. Vereinzelte Hinweise auf *"Schlagen"* oder *"verbale oder körperliche Angriffe"* verweisen schon auf die Antworten zur Frage nach gewalttätigem Handeln.

Gewalttätiges Handeln wird durchweg als konkrete Schädigung des Gegenübers angesehen. *"Schlagen, Treten, Spucken, Tätlichkeiten, Beleidigungen, Handgreiflichkeiten"* sind die genannten Erscheinungsformen solchen Handelns. Vereinzelt wird auch auf eine spezifisch sportliche Bedingtheit verwiesen. So wird auf Unfairness (Foulspiel) verwiesen, die subjektiv erforderlich ist, *"um eigene sportliche Unzulänglichkeiten auszugleichen."* Damit einhergehen können *"rücksichtloses Einsteigen, Reinspringen, Reingrätschen"*, was unter dem Aspekt der Vorsätzlichkeit auch als gewalttätiges Handeln interpretiert werden soll.

KSK:
Aggressives Verhalten wird als Haltung, die Risiken zeitigen kann, beschrieben. Aussagen wie *"heiss machen! Anspornen im Rahmen der Fairness"; "In Sprache und körperlichen Handlungen"; "entsteht irgendwie im Spielgeschehen: eine 'Überreaktion', jemand 'rastet aus'. Bei ausländischen Mannschaften kommt von außen, von den Zuschauern, Aggression ins Spiel"* verweisen auf eine eskalierende Dynamik.

Gewalttätiges Handeln ist die konkrete Schädigung eines anderen: *"Der Körperkontakt ist die entscheidende Grenze: Gewalt beginnt beim Anpacken des Anderen."* Die meistgenannten Formen sind *"Nachtreten, Tätlichkeiten, Spucken, Beleidigungen, Provozieren, Treten, Zerren."*

KSO:
"Treten, Schlagen, Spucken" sind die am häufigsten genannten Erscheinungsformen aggressiven Handelns. Die sonstigen Äußerungen zur Beschreibung aggressiven Verhaltens beschreiben eher eine Situation, deren konkrete Ausprägungen zunächst noch vage sind. Äußerungen wie *"alles, was außer Kontrolle geschieht"; "übermotivierte Aktivität", "Unüberlegtheiten", "Hitzköpfigkeit", "Verhalten, welches an Emotionen gekoppelt ist"* beschreiben mental-körperliche Zustände, deren Auswirkungen

schlimmstenfalls auch zu Gewaltaktionen führen können. Vereinzelt werden auch Kausalzusammenhänge für aggressive Stimmungen genannt. *"Bei Lokalkämpfen entsteht aggressives Verhalten, wenn das Ergebnis nicht stimmt"*, woran dann vor allem die Zuschauer ihren Anteil haben: *"Zuschauer bringen Aggressionen mit"*. Andere Aussagen wie *"Spieler werden aggressiv, wenn die Kondition ausgeht"*; oder *"Spieler wehrt sich spontan gegen Entscheidungen"* - zumeist des Schiedsrichters - verweisen auf weitere ursächliche Bedingungen.

Demgegenüber wird gewalttätiges Handeln in unterschiedlicher Weise immer unter dem Aspekt der Schädigung eines Dritten beschrieben (*"Kontakt mit anderen Personen mit dem Ziel verbal, körperlich oder seelisch zu verletzen"*; *"Attacken, die zu Verletzungen führen"*; *"verbales Angehen von Mitspielern"*; *"Handeln gegen Personen oder gegen Sachen"*). Bemerkenswert ist, daß in den meisten Äußerungen ein Unterschied zwischen körperlicher und seelischer Gewalt (Beleidigungen) nicht mehr gemacht wird.

TO:
"Beleidigungen", *"Tätlichkeiten"* werden sowohl als aggressive Handlungen als auch als gewalttätige Handlungen genannt. Andere Äußerungen wie *"Drohen"*, *"Mimik"*, *"Unbeherrschtheit"* bleiben eben soweit unkonkret, daß sie als Beschreibungen 'vor' einer akuten Handlung angesehen werden und deshalb als aggressive Stimmung gedeutet werden. Aggressives Verhalten bzw. unspezifische aggressive Stimmungen werden als 'Vor'aussetzung für gewalttätiges Verhalten interpretiert. Ein eigenes Definitionsbewußtsein für aggressives Verhalten besteht weitgehend nicht. Dieses 'Ablaufschema' wird von Aussagen wie *"zunächst verbale, dann auch körperliche Gewalt"* bestätigt.

Gewalttätiges Verhalten wird demgegenüber mit konkreten Bezeichnungen definiert. Äußerungen wie *"Schlägerei"* und alle Aussagen, die Tätlichkeiten konkretisieren, wie z.B. Schlagen, Treten, Spucken, Würgen - mithin die konkrete Schädigung des Gegenübers wird als Kennzeichen gewalttätigen Verhaltens angesehen.

Wie verhält es sich nun mit 'positiven' Aggressionen, die zum sportlichen Wettkampf gehören? Zunächst wird durchweg Skepsis gegenüber dem Begriff 'positive Aggressionen' geäußert: "Aggressivität ist immer negativ" (KSO); "Ich weiß nicht, was unter positiven Aggressionen verstanden werden soll, es gibt keine." (KSO). Die Gegenposition markiert die Aussage eines Kreisspruchkammervorsitzenden: "Fußball muß als Männersport gelebt werden. Faire Aggressionen sind gut". Einsatzbereitschaft ("trotz Erschöpfung"), Motivation und Engagement, Ehrgeiz, "Kampfgeist" in allen Varianten sofern "mit fairen Mitteln" geleistet ("gesunde Härte"), werden als positive Aggressionen beschrieben. Neben diesen unmittelbar aus der Dynamik des Spiels abgeleiteten Kennzeichnungen, werden alle Formen der Begeisterung, Freude und des Anfeuerns ("positive Anmache") als positive Aggressionen beschrieben.

Betroffene Bereiche

Das Gewaltproblem in der Gesellschaft wird zumeist im Kontext Jugend erkannt und beschrieben.[16] So auch hier: die große Mehrheit der Befragten hält den Jugendbereich (A- und B- Jugendliche) in der Hauptsache von der Gewaltproblematik betroffen. Bedenkt man, daß der Übergang von der A-Jugend in die Seniorenmannschaften oft fließend ist, so kann es nicht überraschen, daß auch der Seniorenbereich mit der Gewaltproblematik in Verbindung gebracht wird. Entscheidender als im Jugendbereich wirkt sich aber hier der Faktor Spielklasse aus: je höher die Klasse, umso weniger Probleme. Infolgedessen fällt ein weiter Teil des Seniorenbereichs aus der Betrachtung heraus.[17] Bedenklicher muß freilich stimmen, daß immerhin 21 Befragte auch den C- und D- Jugendbereich vom Gewaltproblem betroffen sehen. Dabei kamen 16 Einschätzung aus dem 'Jugendbereich' von den Kreis-Jugend-Obleuten und den Kreis-Jugend-Spruchkammervorsitzenden. Lediglich von den Technischen Obleuten sah niemand diesen Jugendbereich betroffen.

Tab. 1: Welche Bereiche sind vom Gewaltproblem besonders betroffen?

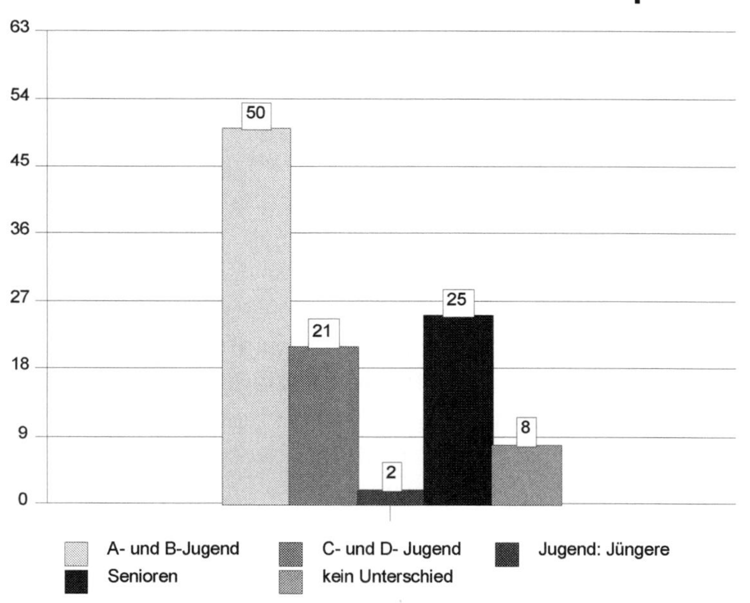

Externe Bedingungsfaktoren: Gesellschaftliche Rahmenbedingungen

Die meisten Befragten beurteilen die Gewaltproblematik als "sehr bedeutsames" gesellschaftliches Problemfeld. Diese Akzentuierung wird bei der gleichzeitig nachgefragten Beurteilung der Gewaltfrage als fußballspezifisches Problemfeld nicht übernommen. Das Problem wird nur noch als "bedeutsam" eingeschätzt. Diese Mehrheits-

---

16 Beispielhaft sei auf die Studien Heitmeyers verwiesen. Vergl. Literaturverzeichnis.

17 Dies gilt im übrigen für alle Befragungsbereiche. Fast alle Befragten wiesen an unterschiedlicher Stelle darauf hin, daß sich die Problemlage je nach Spielklasse verschieden darstellt: je höher, umso weniger Probleme.

einschätzungen kann als Hinweis zur Bestätigung der Auffassung interpretiert werden, daß die Gewaltproblematik nicht als 'hausgemacht' angesehen wird, sondern als von gesellschaftlichen Vorgaben abhängige Variable erscheint.

Tab.2: Wie beurteilen Sie selbst die Gewaltproblematik?

a) als gesellschaftspolitisches Problemfeld
b) als fußballspezifisches Problemfeld (Amateurfußball)
Bitte begründen Sie Ihre Beurteilung.
(5=sehr bedeutsam; 4=bedeutsam; 3=keine Meinung; 2=eher ein Randproblem; 1=überhaupt kein Problem)

	5	4	3	2	1
als gesellschaftspolitisches Problemfeld	34	18	4	5	2
als fußballspezifisches Problemfeld (Amateurfußball)	4	32	11	16	3

Das wird im übrigen auch in den nachgefragten Begründungen ausdrücklich so formuliert: gesellschaftlich vorhandene Gewalt wird in den Fußball hineingetragen.

Diese Aussage ist zunächst nicht mehr als ein pauschales (und in Funktionärskreisen immer wieder beliebtes) Entschuldigungsargument. Mit Hinweis auf dieses Argument wird angeführt, der Sport solle ein 'politikfreier' Raum sein, man könne von ihm nicht erwarten, die Probleme der Gesellschaft zu lösen. Diese Haltung verkennt nicht nur die spezifischen gesellschaftlichen Potentiale und Kompetenzen des Sports, sie negiert auch eine wesentliche Ursachenbetrachtung im Bereich der gegenseitigen Beeinflussung von Gesellschaft und Sport. Denn die spezifische Ausprägung aggressiver und gewaltgeladener Situationen im Sport geht natürlich auch auf externe Bedingungsfaktoren zurück. Hierzu gehören gesellschaftliche, soziale und politische Umstände, die zu einer Prägung der im Sport aktiven Menschen beitragen. Nachzufragen war also, welche spezifischen außersportlichen (-fußballerischen) Erscheinungen relevant sind und mit Folgen in den Fußball hineingetragen werden. Tatsächlich werden auf die Frage
"Was sind für Sie typische außersportliche Erscheinungen, durch die Aggressivität und Gewalt in den Fußball hineingetragen werden? Nennen Sie bitte einige Beispiele und gewichten Sie die Beispiele in der Reihenfolge ihrer Bedeutung."
Stichworte zu akuten gesellschaftlichen Problemfeldern angeführt. Fasst man die genannten Stichwörter zusammen, so lassen sie sich in der Reihenfolge ihrer Häufigkeit unter folgenden Überschriften einordnen:

    1. Ausländer/Nationalitäten
    2. soziale Rahmenbedingungen/soziales Umfeld (Familie, Schule, Beruf)
    3. Gewaltverherrlichung in Medien (TV, Video, PC-Spiele, Internet)
    4. (Jugendliche)Cliquen/Gemeinschaft
    5. Alkohol

Auch wenn die Aussagen zu den außersportlichen Erscheinungen weitgehend pauschal und schlagwortartig zugespitzt werden, beweisen sie dennoch eine gewisse Grundsensibilisierung für den gesamtgesellschaftlichen Zusammenhang, in dem

Fußball stattfindet. Von der Vorstellung des politikfreien Raums Fußball kann angesichts der Aussagen jedenfalls nicht die Rede sein.

Geht mit der wachsenden Bedeutung gesellschaftspolitischer (externer) Einflüsse auf den Fußballsport auch eine qualitative Veränderung der Gewalt auf den Sportplätzen einher? Immerhin 54 Befragte stimmen der Feststellung zu, daß *"Verbalattacken (Beleidigungen) immer heftiger werden"*. 30 Befragte stimmen der Aussage zu, daß *"Tätlichkeiten immer brutaler werden"*. Allerdings sind hier auch 25 Gegenvoten zu verzeichnen[18]. 7 Befragte wollen sich nicht festlegen. Mehrfach wurden in diesem Zusammenhang 'neue', besonders brutal erscheinende Handlungen wie Kopfstoßen genannt. Solche Handlungen aber auch 'klassische' Handlungen wie Schlagen und Treten haben oft aber schlimme Folgen für die 'Opfer', der 'Schaden' ist höher. Es mögen solche Einschätzungen und Erfahrungen einer zunehmenden Brutalisierung sein, die schließlich zur zustimmenden Bewertung der Aussage *"Insgesamt nimmt die Gewalt im Fußball zu"* führen: 34 Befragte stimmen zu, 28 stimmen nicht zu.

Tab. 3: Stimmen Sie folgenden Aussagen zu?

	stimme zu	stimme nicht zu	weiß nicht
das Hauptproblem der zunehmenden Gewalt betrifft Gewalt gegen Schiedsrichter	30	29	4
Verbal-Attacken (Beleidigungen) werden immer heftiger	54	8	1
Tätlichkeiten werden immer brutaler	30	25	7
es gibt ein Zuschauer-Problem im Jugendbereich (Eltern)	53	5	1
Ausländische Spieler erhalten für vergleichbare Vergehen höhere Strafen als ihre deutschen Mitspieler	1	62	0
Trainer/ Betreuer tragen von außen Unruhe in das Spiel	57	2	0
Die Bedeutung von Fair-Play nimmt allgemein ab	32	24	6
Insgesamt nimmt die Gewalt im Fußball zu	34	28	0

G=63

Ein besonders bedeutsamer externer Einflußfaktor auf aggressives/gewalttätiges Verhalten sind die 'Vorbilder' aus dem Profibereich. 57 Befragte meinen, daß das professionelle Fußballgeschehen auf Aggressivität und Gewalt im Amateurfußball großen Einfluß hat - und zwar negativen Einfluß. Das jedenfalls meinen auf die Zusatzfrage 44 Befragte, während nur 15 Befragte eher positive Vorbilder im Profibereich entdecken. In der Hauptsache werden die von der TV-Berichterstattung vermittelten

---

18 Auffallend hierbei, daß bei den Technischen Obleuten hinsichtlich dieser Aussage die nicht zustimmenden Meinungen überwiegen (6:10). Während die Aussagen der Kreisspruchkammervorsitzenden sich gleichmäßig auf Zustimmung und Nichtzustimmung verteilen (6:6), zeigen die Antworten der Kreis-Jugend-Spruchkammervorsitzenden das deutlichste Übergewicht der Zustimmungen (8:4).

und hervorgehobenen Unsportlichkeiten, Respektlosigkeiten gegenüber Schiedsrichtern und nachträgliche öffentliche Infragestellungen von Schiedsrichterentscheidungen, an denen sich oft auch Vereinsoffizielle beteiligen, angeführt. Die per Bildschirm vermittelten Unsportlichkeiten werden am nächsten Spieltag in den Amateurligen (vor allem bei Jugendspielen) sofort 'umgesetzt'. Hier ist berechtigterweise nach dem Selbstverständnis des Profibereichs zu fragen; ob und inwieweit er sich seiner Vorbildfunktion noch bewußt ist - mithin welche Formen der Zusammengehörigkeit zwischen Profi- und Amateurbereich überhaupt noch bestehen.[19]

Tabelle 4: Welchen Einfluß hat das professionelle Fußballgeschehen auf Aggressivität und Gewalt im Amateurfußball? (Vorbilder)

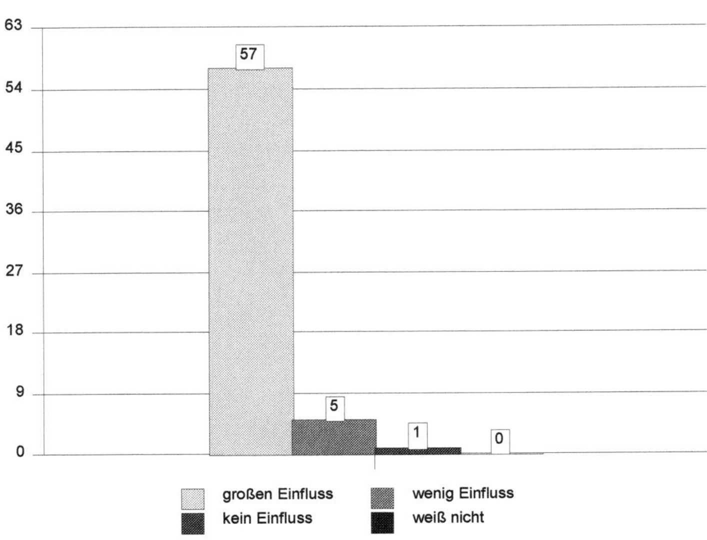

---

19 Deshalb ist es keineswegs nur von zweitrangiger Bedeutung, wenn in die Bemühungen des DFB um die Gewaltproblematik auf den Amateursportplätzen vermehrt auch Vertreter der Liga einbezogen werden. Vergl. auch: DFB-Arbeitsgemeinschaft, Toleranz und Fairness, S. 8: "Der DFB ist sich bewußt, daß die Lizenzvereine eine bedeutende Vorbildfunktion haben".

Glauben Sie, daß der Profifußball eher positive oder eher negative Vorbilder liefert?

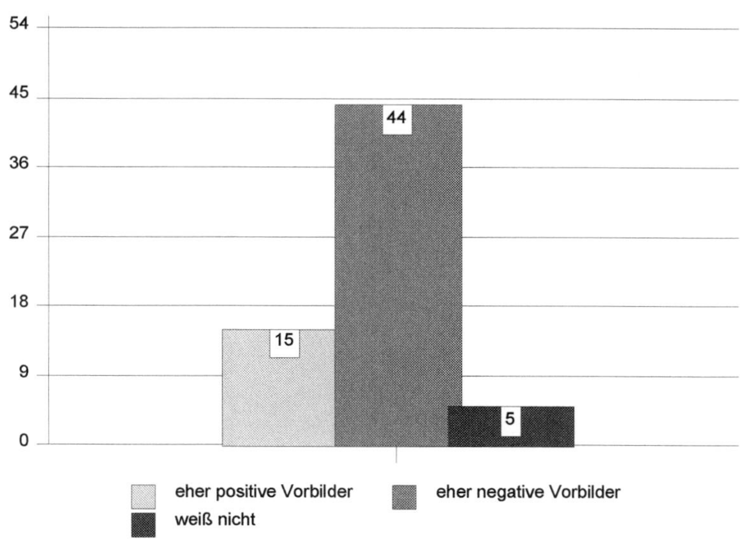

Sportimmanente Bedingungsfaktoren

Neben den externen Bedingungsfaktoren interessieren auch die sogenannten sportimmanenten Bedingungsfaktoren als Einflußfaktoren auf die Gewaltproblematik. Dabei ist zu beachten, daß beide Bereiche sich oft nicht eindeutig voneinander trennen lassen.

Es lassen sich zwei grundlegende Variablen benennen.[20] Während die situationsbedingte Variable vor allem das unmittelbare Geschehen auf dem Platz meint (sportimmanenter Bedingungsfaktor) zielt die persönlichkeitsbedingte Variable zwar auch auf (sportimmanentes) sportliches Verhalten (z.B. wie setzt ein Spieler kampfbetontes Spiel um?), jedoch sind externe Bedingungsfaktoren (z.B. Streß im Beruf, Beziehungsärger) unmittelbare Einflußfaktoren auf das (sportliche) Verhalten.[21] Zwar hält eine Mehrheit der Befragten die *"persönlichkeitsspezifische Disposition"* für "sehr bedeutsam", in den Abstufungen dieser Beurteilung gleicht sich die Einschätzung freilich der *"situationsbedingten Disposition"* an[22]

---

20 Vergl.: Albrecht, Streß und Aggression, S. 254. Albrecht fordert mehr Beachtung "dispositioneller (persönlichkeitspsychologischer) Variablen" statt einseitig situationsspezifischer Einflussanalyse. Das bedingt freilich auch: insgesamt komplexere Kausalketten sind zu analysieren!

21 Bei der Einführung möglicher Bewährungsoptionen in die Sportgerichtsbarkeit ist dieser Faktor zu berücksichtigen. In welcher Weise persönliche, soziale Probleme Auswirkungen auf (un)sportliches Verhalten haben können und wie sinnvoll sie in einem Bewährungsverfahren bearbeitet werden können, zeigt beispielhaft eine Begutachtung in einem Gnadenverfahren, das versuchsweise im Fußballkreis Köln erfolgreich durchgeführt wurde. Das Gutachten liegt als Skript vor. Vergl. auch: "Bewährungshelfer für Fußballer", in: Kölnische Rundschau vom 23.10.2001.

22 Auch bei dieser Frage stellen die Technischen Obleute die Ausnahme von der Regel dar. Während alle anderen Befragungsgruppen ausgleichende Stellungnahmen abgeben, dominiert bei den Technischen Obleuten die persönlichkeitsspezifische Disposition als "sehr bedeutsam" gegenüber der situativen Disposition (9:0). In der Stufe "bedeutsam" kehrt sich die Beurteilung um auf 5:11.

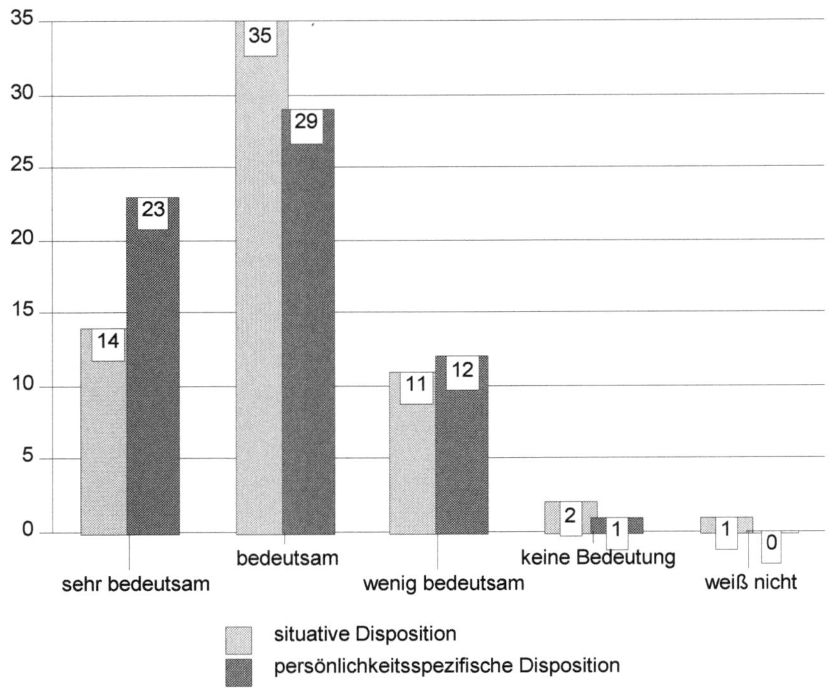

Ein typischer spielimmanenter Einflußfaktor ist das Foulspiel. Ausgehend von der Analyse der ein Foulspiel bedingenden Absichten kann deutlich werden, wie die ihm zugrundeliegende Aggression zu bewerten ist.

"Man unterscheidet verschiedene Formen des Foulspiels und der dahintersteckenden Aggression:
Revanchefoul (direkte Aggression zum Schaden des Gegners),
Foul zur Verhinderung eines sportlichen Nachteils (instrumentelle Aggression),
gewöhnliches Foul (Regelübertretung).
Bis zu welchem Punkt gehören derartige Aggressionen zum Fußball? Versuchen Sie, eine Abgrenzung zu begründen."

Grundsätzlich werden alle drei genannten Erscheinungsformen des Fouls in jeweils unterschiedlichem Begründungszusammenhang als zum Fußball gehörig angesehen. Dabei wird das Revanchefoul als "schlimmste Form" gewissermaßen mit Bedauern als dazugehörig beschrieben. Deutlich wird ein gewisses Verständnis für alle Formen "wettkampfbedingter Fouls zur Erreichung gesteckter Ziele" (KSK). Deshalb "gehören gewöhnliche Fouls und taktische Fouls zum Spiel als Folge des Leistungsgedankens" (KJSK). In der Aussage eines Technischen Obmanns bündelt sich diese Sichtweise: "Alle drei Formen entstehen aus bestimmten Situationen und gehören zum Fußball". Insgesamt dominiert die Bereitschaft, unter dieser Voraussetzung auch schlimme Fouls zunächst zu akzeptieren.[23] Zu den akzeptanzverstärkenden Umständen gehören u.a. "schlechte Kondition", "schlechter Bewegungsablauf" oder überhaupt der Charakter des Fußballs als Kampfspiel. Unter dieser Perspektive verwischen sich die Grenzen zum eindeutig indizierten vorsätzlichen Foulspiel. Das wird zumeist mit dem Revanchefoul in Verbindung gebracht - und sei dann auch entsprechend zu ahnden. Auf die mögliche Eskalationsdynamik, die durch diese Art Fouls ausgelöst werden kann, wird nur vereinzelt hingewiesen. Aussagen wie "Revanchefouls sind Auslöser für Gewalt und schon meist selbst Gewalt" (KJO) bleiben die Ausnahme.[24] Zu einer eindeutigen Ausgrenzung bestimmter Arten von Foulspiel im Interesse eines umfassend präventiven Verständnisses, mithin einer klaren Beurteilung derselben als aggressiver bzw. gewalttätiger Handlung kommt es nicht.

Eine solche Haltung kann mit Einschränkungen als tendenzielle Zustimmung zu zweckgebundenem Foulspiel interpretiert werden[25], welches nur dann über die normalen Regelsanktionen hinausgehend verurteilenswert ist, wenn der 'Schaden' (z.B. Verletzung eines Spielers) zu 'hoch' ist. Wird das Foulspiel aber 'kontrolliert' betrieben (oder sogar trainiert), dann kann man es akzeptieren. Von solcher Akzeptanz geht gemeinhin auch die Mannschaft aus, die sich gegenüber spielerisch besseren Mannschaften nicht anders als mit 'gesunder Härte', d.h. auch mit höherem Risiko für Fouls, zu wehren weiß. Die Antworten auf die entsprechende Frage bestätigen dies. Eindeutig war das Votum *"gehört zum Fußball"* (Zustimmung 49:6); *"finde ich in Ordnung"* meinten zustimmend 37:15 Befragte. Die Gegenprobe *"ist schlecht für das Fußballspiel"* wurde mit 22:28 verworfen. Auch die eher ironisch gemeinte Aussage *"Fußball ist kein Mädchenspiel"* wurde immerhin von 24 Befragten zustimmend bestärkt (24:35). Deutlich ist die Ablehnung einer Aussage wie *"Fußball sollte sich mehr in Richtung körperloses Spiel entwickeln"*: nur 13 zustimmenden Voten stehen 44 ablehnende gegenüber.

Tab. 6: Einfache Fouls werden oft als selbstverständliche Merkmale des Leistungserfolgs angesehen (z.B. 'wehrt' sich eine spielerisch unterlegene Mannschaft gegen spielstärkere Mannschaften mit 'kämpferischer' Aggressivität)? Wie bewerten Sie diese 'Übereinkunft'?
(3= stimme zu; 2= unentschieden; 1= stimme nicht zu)

	3	2	1
finde ich in Ordnung	37	10	15
gehört zum Fußball	49	8	6
ist mir egal	2	4	57
ist schlecht für das Fußballspiel	22	11	28
kann der Fußball nicht beeinflussen	13	10	38
jedes Foul ist unsportlich	35	6	20

23 Am wenigsten in der Mehrheit noch die Technischen Obleute, die 'persönlich' weniger großzügig sein würden.

24 Der Verweis auf die eskalationsdynamischen Potentiale findet sich nur in einzelnen Aussagen von Kreis-Jugend-Spruchkammervorsitzenden und Kreis-Jugend-Obleuten.

25 Markant die Aussage eines Kreisspruchkammervorsitzenden: "Instrumentelle Aggression gehört auch zum Fußball, weil die Trainer dies lehren."

"Fußball ist kein Mädchenspiel"	24	11	35
Fußball sollte sich mehr in Richtung körperloses Spiel entwickeln	13	6	44
andere Aussage		3	

Ein solches Votum bestätigt tendenziell ein grundsätzliches Vertrauen in das Fußball-spiel und seine Regeln. An anderer Stelle wird diese Haltung bestätigt, wenn mehr-heitlich Regeländerungen zur Einflußnahme auf Aggression und Gewalt abgelehnt werden (Tab. 7).

Angesichts dieser Mehrheitseinschätzung wirken die Ideen der Minderheit, die Regel-veränderungen für erwägenswert halten, fast schon 'revolutionär': Abschaffung des Abseits; flexible und schnelle Anpassung neuer Regeln, damit der Fußball 'modern' bleibt; neue Zähl- und Sanktionssysteme bei Gelben Karten; variablere Ein- und Aus-wechselmöglichkeiten (z.B. kurzzeitiges Aus-dem-Spiel-Nehmen eines Hitzkopfes zur Beruhigung); umfangreiche und variable Handhabung von Zeitstrafen; Einführung eines Time-Out nach Art des im Basketball oder Eishockey praktizierten Verfahrens.

Tab. 7: Kann man über Regeländerungen Einfluß auf aggressives Han-deln im Fußball nehmen?

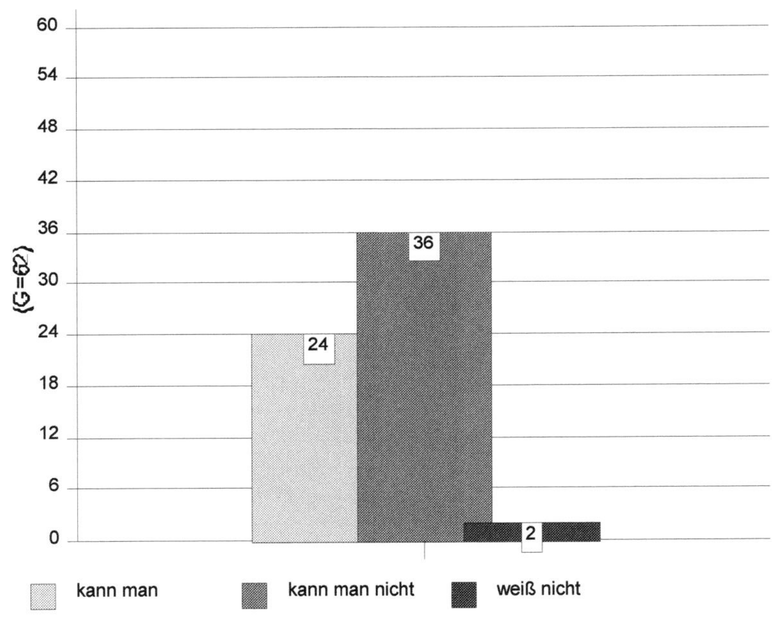

In eben diesem Sinne wird auch die Frage, ob die "massive Beleidigung" im Sinne einer deeskalierenden Vorbeugung zum Spielabbruch führen sollte, von 54 Befragten verneint. In den Begründungen wird darauf verwiesen, daß die Regeln dem Schieds-richter genügend andere Optionen offen lassen - jedenfalls bessere, als für das Ver-gehen eines einzelnen 21 andere Beteiligte büßen zu lassen. Eine Kollektivstrafe wird auch angesichts des hohen positiven Signalwerts, den ein Spielabbruch nach Ansicht einiger weniger Befragter durchaus darstellen würde, als unverhältnismäßig angese-hen. Im übrigen wird ein Argument von fast allen Befragten angeführt, das ein

24

bezeichnendes Schlaglicht auf die tatsächliche Situation wirft: dann würde der Spielbetrieb zusammenbrechen, weil es zu viele Spielabbrüche gäbe...

**Tab. 8: Soll zukünftig die "massive Beleidigung" ein Spielabbruchgrund sein?
(Aspekt. Deeskalierende Vorbeugung durch Spielabbruch)**

Ja 6	Nein 54	weiß nicht 1

G=61

2. Ausländische Vereine/ Mannschaften, Spieler

Ethnisierung und Integration

Das Phänomen der zunehmenden Ethnisierung im Sport ist erst in jüngster Zeit in den Focus des Interesses gerückt. Zwar wurde die Bedeutung der ethnischen 'Community' insbesondere in den städtischen Ballungsräumen angesichts akuter gesellschaftlicher Desintegrationsprozesse und ihrer Auswirkungen auf das Konfliktpotential einer Gesellschaft[26] als ein wichtiger identitätsstiftender Faktor ausgemacht, doch die spezifische Bedeutung dieser Beobachtung für den Sport blieb einstweilen unerläutert. Übernimmt aber der Sport - und hier besonders der Fußballsport - eine identitätsstabilisierende Funktion und wird zum "effektivsten Mittel des Erwerbs von Respekt und Anerkennung" [27], dann gewinnen auch die vielen 'interkulturellen Begegnungen', die der Fußballsport an jedem Spieltag zwischen Mannschaften unterschiedlicher Herkunft bietet, eine neue Bedeutung. Insbesondere für die gewalttätigen Vorfälle, an denen ausländische Spieler und Mannschaften beteiligt sind, bietet sich eine neuer Verstehenszusammenhang an.

Dabei sind ethnische Vereine nicht per se konfliktfördernd.[28] Aber mit ihrer zunehmenden Existenz stellt sich die Frage nach einem tauglichen Integrationsmodell neu. Bereits 1981 hatte der Deutsche Sportbund eine Grundsatzempfehlung formuliert, in der ethnische Sportvereine nur als Übergangslösung angesehen wurden. Im Sinne dieser Empfehlung dominiert bis heute die Vorstellung einer "assimilativen Integration": unabhängig von ethnischen, religiösen oder kulturellen Unterschieden finden sich Menschen in einem (gemischten) Verein, um dort gemeinsam miteinander Sport zu treiben. Dieses Modell droht nun abgelöst zu werden von einer "pluralistischen Integration", womit die umfassende ethnische Selbstorganisation - mithin auch die Gründung eigener ethnischer Sportvereine gemeint ist.[29] Die Entwicklung wird vielfach mit Sorge betrachtet, da man in ihr ein Indiz für eine Abkehr vom gemeinschaftlichen Integrationsprojekt zu sehen glaubt - erst recht unter dem Eindruck einer vermeintlichen Fundamentalisierung in bestimmten (religiös/nationalistisch geprägten) ethnischen Gemeinschaften. Auch wenn ein solches Bedrohungszenario übertrieben erscheint - und im übrigen auch durch entsprechende Studien nicht belegt werden kann[30] - ist doch die verstärkte "Rückbesinnung" auf das ethnisch Eigene als Teil einer Identitätsfindung und -bestärkung in einer ansonsten sich desintegrierenden

---

26 Hierzu: Heitmeyer, Wilhelm u.a.: Bedrohte Stadtgesellschaft. Soziale Desintegrationsprozesse und ethnisch-kulturelle Konfliktkonstellationen, Weinheim 2000.

27 Ebda. S.29.

28 Unter ausländischen (ethnischen) Vereinen sind solche Vereine zu verstehen, deren Mitglieder sämtlich oder überwiegend ausländisch sind (einer Ethnie angehören). Vergl.: Schwarz, Thomas, Zuwanderer und ethnische Vereine im Berliner Sport und die Debatte um Integration versus Segregation, in: Klein/Kothy, Ethnisch-kulturelle Konflikte, S. 87-97. Schwarz verweist auf ein zusätzliches Integrationspotential durch Eigenorganisation: "Die Eigenorganisation ist nicht per se segregativ, sondern bietet die Möglichkeit der interaktiven Integration." Unter dieser Voraussetzung leistet der türkische Fußballclub gleiches wie der akademische Ruderclub., a.a.O., S. 90ff.

29 Heckmann, Friedrich, Migrantensozialisation, Integration und die Rolle des Sports, in: Klein/ Kothy, Ethnisch-kulturelle Konflikte, S. 31-39, s.S. 31.

30 Schwarz, Zuwanderer, S. 92.

Gesellschaft ernst zu nehmen. Dabei ist es nicht nur die positive Erwartungshaltung gegenüber den Vorteilen der Selbstorganisation, die ethnische Vereinsgründungen attraktiv erscheinen lassen, sondern auch ein subjektives Gefühl des Benachteiligtseins, das im übrigen im Modell der assimilativen Integration so gewiss nicht vorgesehen war. Befragungen bei türkischen Fußballern zeigen beispielsweise, daß diese sich als Einzelspieler in deutschen Vereinen benachteiligt fühlen, weil sie von den deutschen Trainern weniger eingesetzt werden. Als türkische Mannschaft in einem deutschen Verein empfinden sie sich als lästiges Anhängsel, dem die Gesamtressourcen des Vereins nur unzureichend oder gar nicht zur Verfügung stehen.[31] Vor diesem Hintergrund ist dann das 'Ausweichen' in eigene ethnische Vereine nicht ein Zeichen mangelnder Integrationsbereitschaft sondern ein durchaus nachvollziehbarer Schritt zur Wahrung eigener Interessen.

Praktische Integration als Prävention

Die Mehrheit der Befragten befürwortet das assimilative Integrationsmodell. 39 Befragte sind der Ansicht, daß Integration am besten in gemischten Vereinen verwirklicht werden kann. Demgegenüber sind nur 20 Befragte der Ansicht, daß ausländische Vereine einen eigenen Beitrag zur Integration leisten. 21 Befragte meinen, daß ausländische Vereine Integration behindern. In der Nachfrage wird deutlich, daß über die Ursachen und Zusammenhänge, die zu einer vermehrten Gründung ausländischer Vereine führen, kaum Kenntnisse vorhanden sind. Der Wandel der Integrationsvorstellungen, der in der wachsenden Bedeutung der ethnischen Vereine für das jeweils eigene Selbstwertgefühl einer ethnischen Gemeinschaft zum Ausdruck kommt, ist zumeist noch nicht thematisiert. Die subjektiv empfundene Benachteiligung ausländischer Spieler in deutschen Vereinen, die sie veranlaßt, deutsche/gemischte Vereine zu verlassen und sich rein ethnischen Vereinen anzuschließen, wird in ihrer Bedeutung nicht wahrgenommen. Die Folge ist, daß die Integration in gemischten Vereinen eher als unpräzise Wunschvorstellung existent ist, und weniger als konkrete, auf Kenntnis und Fakten gegründete Option.

Die Vorstellung einer 'idealen' Integration im gemischten Verein wird intensiviert, wenn der Eindruck entsteht, die ausländischen Vereine würden sich aus religiösen, kulturellen oder ethnisch-nationalen Gründen zu sehr abschotten. Genau das glauben immerhin 31 Befragte. Nur 21 Befragte glauben, daß ausländische Vereine sich nicht abschotten.

---

31 Kothy, Jügen, Konfliktdimensionen interethnischer Kontakte im Fußball-Sport, in : Klein/ Kothy, Ethnisch-kulturelle Konflikte, S. 59-73, s.S. 64. Im übrigen erläutert diese Beobachtung ein anderes Phänomen: Während in den Jugendabteilungen der deutschen Vereine türkische und deutsche Spieler miteinander spielen, verlassen diese Jugendspieler mit Eintritt in die Seniorenklasse oft den Verein und wechseln vermehrt in 'ihren' ethnischen Verein. Bemerkenswert ist, daß in vielen ethnischen Vereinen eine Jugendabteilung nicht existiert.

Tab. 9a: Wie interpretieren Sie die Gründung ausländischer Vereine im Hinblick auf die integrative Funktion des Fußballs? Behindern diese Vereine die Ausländerintegration oder leisten sie einen eigenen integrativen Beitrag?

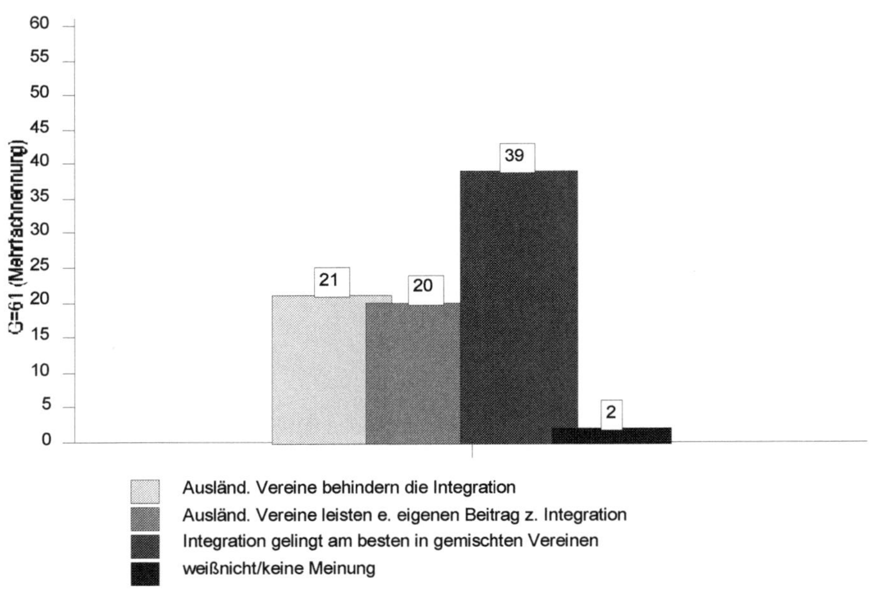

Tab 9b: Glauben Sie, daß ausländische Vereine sich zu sehr abschotten? Bitte nennen Sie Gründe für Ihre Meinung

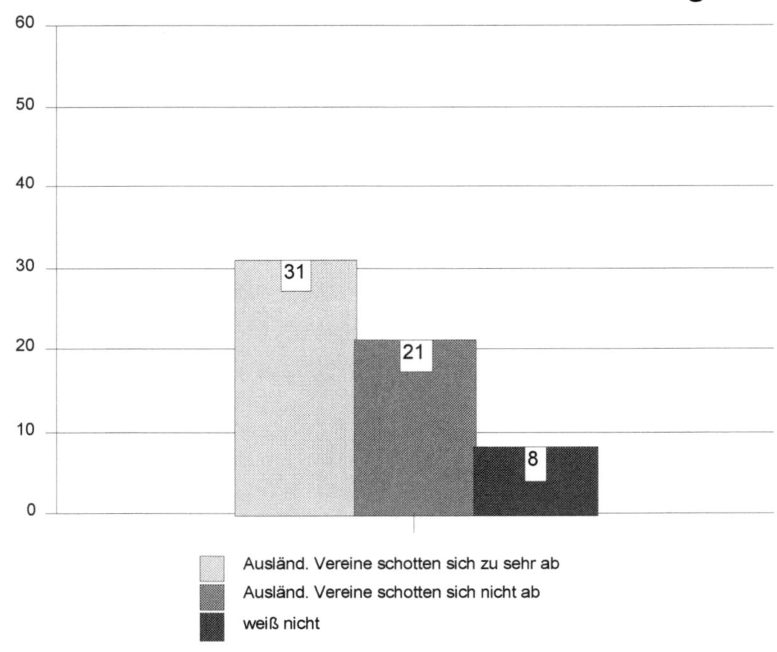

Derartige Einschätzungen führen aber nicht dazu, einer irgendwie gearteten Integrationskontrolle, etwa in Form einer Einflußnahme auf die Gründung ausländischer Ver-

28

eine zu befürworten. Wenn auch vereinzelt im Interesse des Ziels Integration zumindest die Möglichkeit einer Intervention in einem sehr allgemeinen Sinne offen gehalten wird ("Integrationskontrolle wäre besser, um Integration im Sinne der Ausländer zu gewährleisten", "der Staat ist gefordert Sitten, Anstand und Gebräuche zu vermitteln", KSK) lehnen doch die meisten Befragten eine 'Kontrolle von oben' ab und plädieren statt dessen für noch mehr Kommunikation und Kooperation. Angemahnt wird von den Vereinen mit deutschen und ausländischen Mitgliedern eine bessere Einbeziehung der ausländischen Mitglieder schon von Jugend an ("Aufeinander zugehen", "Miteinander ist alles"). Die Bedeutung des Vorbilds an der Basis wird in folgenden Aussagen zur Aufforderung: "Der Trainer muß für sich Integration betreiben in der Mannschaft, das wirkt auch nach außen in den Verein."(KJSK) "Jeder ist gefordert, sich zu prüfen, wie er gegenüber Ausländern auftritt. Eingreifen bei ersten Provokationen!" (KSK)

Allerdings ist für ein Aufeinanderzugehen ein Mindestmaß an Integrationsbereitschaft der Ausländer erforderlich. Hier wird insbesondere die Bereitschaft zum Erlernen der Sprache genannt. An dieser Stelle verweisen die Befragten aber auch auf die Bedeutung einer gesamtgesellschaftlichen Integrationsanstrengung. Alleine, so der Tenor der Aussagen, kann der Fußball die Anforderung nicht bewältigen.

Voraussetzung für jede Form von Kommunikation ist Information. Wenn also der Wunsch nach besserer und vermehrter Kommunikation zwischen deutschen und ausländischen Sportlern und Vereinsvertretern geäußert wird, dann ist es erforderlich, daß auf beiden Seiten ein Mindestmaß an Information über die 'andere' Seite vorhanden ist. Hier machen die Aussagen der Befragten einen erheblichen Informationsbedarf deutlich. Vor allem scheint es erforderlich, grundlegende Kenntnisse gesellschaftlicher Integrationsentwicklungen und ihre Auswirkungen auf den Fußballbereich zu vermitteln. Das beinhaltet auch, die Erwartungen und Einschätzungen der ausländischen Mitbürger zu kennen: Welche Integrationsmodelle halten sie für erforderlich? Woran hapert es in gemischten Vereinen? Welchen Stellenwert haben die ethnischen Vereine für die Ausländer?[32]

---

32 Da bedarf es externer Unterstützung. Wünschenswert sind Netzwerke. Vergl. hierzu die Einschätzung, die als Ergebnis des Forums 3 "Integrationsprobleme durch kulturelle und ethnische Konflikte" während des vom DFB-Sportfördervereins veranstalteten Kongresses "Gewaltprävention im Fußball" (Barsinghausen, 27.9.-29.9.2001) formuliert wurde:
"Fußballvereine sind dann in der Lage gewaltpräventiv und integrativ zu wirken, wenn sie sich primär auf ihre eigentliche Aufgabe besinnen: Sportangebote für Gleichgesinnte. Darüber hinausgehende integrative und gewaltpräventive Aufgaben kann der Sport nur mit Unterstützung von funktionierenden Netzwerken lösen. Z.B. Kooperation mit Institutionen der sozialen Arbeit. Darüber hinaus benötigt er personelle und materielle Unterstützung. Integration ist keine Einbahnstraße und kein einmaliger Akt, sondern eine dauerhafte Aufgabe, die kultureller Öffnung bedarf." Toleranz und Fairness. Gewaltprävention im Fussball. Fachtagung 27.09.-29.09.2001 in Barsinghausen. Dokumentation, Frankfurt 2001, s.S.45.

Die 'Mentalitätsfrage'

Die Mehrheit der Befragten stimmt der Ansicht zu, daß es einen Zusammenhang zwischen zunehmender Aggressions- und Gewaltbereitschaft und der Zunahme ausländischer Mannschaften/Vereinen gibt.

Tab. 10: Im Zusammenhang mit zunehmenden aggressiven und gewalttätigen Handlungen im Amateurfußball wird oft auf das Konfliktpotential verwiesen, daß durch ausländische Mannschaften/ Vereine entsteht. Stimmen Sie dem zu?

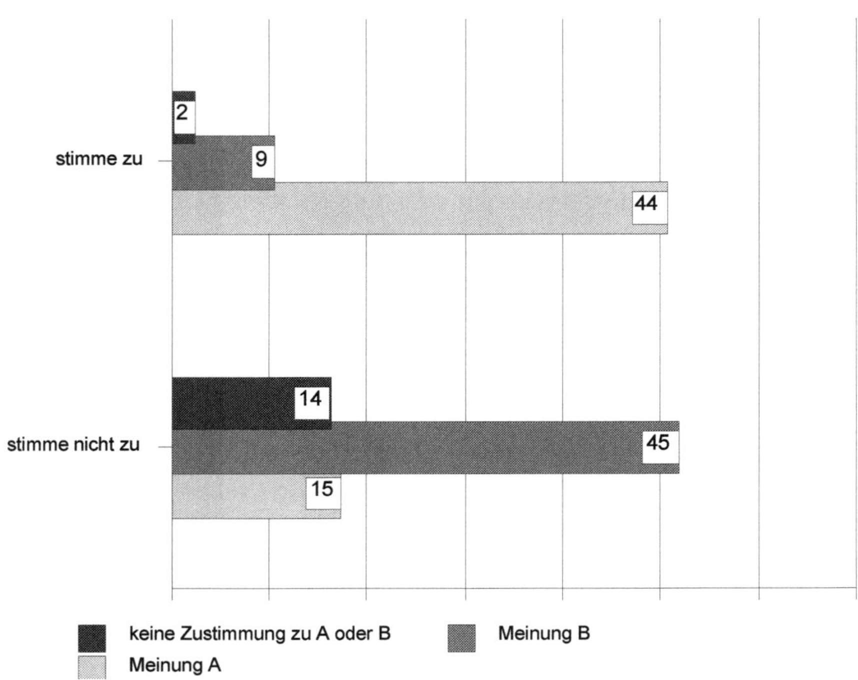

**Meinung A: durch die Zunahme ausländischer Mannschaften/Vereine steigt das Aggressions- und Gewaltpotential im Amateufußball
Meinung B: die Zunahme ausländischer Mannschaften/Vereine hat keinen Einfluß auf das Aggressions- und Gewaltpotential im Amateurfußball**

Allerdings wurde der zustimmend beurteilte Sachverhalt in keinem Fall durch konkrete Zahlen nachgewiesen. Zumeist wurde zur Begründung der Einschätzung auf "eigene Erfahrungen" und "langjährige Praxis" verwiesen.

Wie sehr die Beurteilung des Geschehens von subjektiven Eindrücken abhängt, zeigt zudem, daß zur Begründung des Zusammenhangs zumeist nur vage auf Kulturkreis, Religion und Mentalität verwiesen wird, ohne daß konkret erläutert wird, in welcher Weise diese Aspekte Aggressions- und Gewaltbereitschaft beeinflussen. Aussagen wie "Ausländer sind anfälliger gegen Gewalt" (KSK), "Ausländer haben oft eine andere Mentalität" (KSK), "vor allem Türken haben ein anderes Verständnis von Fußball" (KJSK), oder "emotionale Gegebenheiten" (TO) und "größere Emotionalität" führe im Verbund mit "stärkerem Gruppenverhalten" zu vermehrter Aggression (KJSK) bestätigen klischeeartige Wahrnehmungsmuster, die eingefahrene Vorurteilsstrukturen widerspiegeln. Derartige Muster verweisen ebenfalls auf einen erheblichen zusätzlichen Aufklärungsbedarf.[33]

Der in den pauschalierenden Aussagen hergestellte Zusammenhang zwischen Mentalität, Kultur, Emotionen und Gewalt gilt aber nach Ansicht der meisten Befragten nicht für alle ausländischen Mannschaften/Vereine in gleichem Maße ("man kann und darf nicht alles über einen Kamm scheren," KJO, "schwarze Schafe gibt es überall", TO).

Tab. 11: Glauben Sie, daß der vielfach behauptete Zusammenhang zwischen steigenden Aggressions- und Gewaltpotentialen und der Zunahme ausländischer Mannschaften/Vereine für alle ausländischen Mannschaften/Vereine in gleichem Maße gilt?

gilt für alle ausländischen Vereine im gleichen Maße	10
gilt nicht für alle ausländischen Vereine im gleichen Maße	50

G=60

In den Begründungen wird zunächst auf die entscheidende Bedeutung intakter Vereinsführungen hingewiesen. Dabei bedingen sich funktionierende Vereinsführung und längerfristige Existenz der Vereine. Kommt beides zusammen, so gliedern sich diese Vereine durchweg ohne besondere Auffälligkeiten in den Spielbetrieb ein. Beide Voraussetzungen fehlen aber nach Ansicht eines Befragten aus einem Großstadtkreis insbesondere bei solchen Vereinen, die ausdrücklich auch eine ethnisch/religiöse Funktion erfüllen sollen. Oft seien in solchen Fällen die Hintergründe plötzlicher Vereinsgründungen unklar, Vereinsvorstände als Ansprechpartner seien nur schwer auszumachen und auch die Vereinsanschrift sei unklar und wechsele unvermittelt.

Jedoch wird die Verantwortung von Vereinsführung und Trainern nach Ansicht der Befragten umso bewußter wahrgenommen, je höher die Spielklasse des ausländischen Vereins ist. In diesen Fällen ist ein deutliches Bemühen um Seriosität und Kontinuität Ausweis einer wünschenswerten Stabilität.

Im übrigen werden zur Unterscheidung von 'guten' und 'schlechten' Vereinen erneut vage Mentalitätsunterschiede zwischen Ethnien angeführt. Aussagen wie "Belgier haben eine andere Mentalität als Südländer" (KSO), "Spanier sind nicht so aggressiv wie Türken" (KJSK), "es gibt einen Mentalitätsunterschied zwischen Süd- und Mitteleuropa" (TO), "belgische Mannschaften sind weniger hitzig" (KJO) behaupten einen angeblichen Nationalitäts- und Mentalitätsunterschied, demzufolge südländische

---

[33] Die zitierten Aussagen sind beispielhaft für die Mehrheit der Aussagen. Aussagen wie "Temperament ist nicht Aggression!" (KJSK), "hinsichtlich der Aggressionen gibt es keinen Unterschied zu deutschen Mannschaften" (TO), "es gibt keine erhöhten Aggressionspotentiale bei ausländischen Mannschaften" (KSK) bleiben die Ausnahme.

Mannschaften grundsätzlich 'problemanfälliger' sind als mittel- oder nordeuropäische Mannschaften.

Gemeinhin wird nicht zuletzt aufgrund des höheren Ausländeranteils in den Städten davon ausgegangen, daß sich dort die geschilderten Problemlagen deutlicher abbilden als in ländlichen Gegenden. Dies findet indirekt Bestätigung, wenn Vertreter aus einigen ländlichen Fußballkreisen (Euskirchen, Eifelkreise) aufgrund fehlender Erfahrungen in ihren Kreisen keine Aussagen zur Thematik machen können. Sofern sie sich aber zu einer Einschätzung unabhängig von der konkreten Situation in ihrem Kreis entschließen, mischen sich auch in ihre Aussagen die o.gen. Anteile bekannter Vorurteilsstrukturen (insbesondere hinsichtlich der 'Mentalität' der Ausländer). Darüber hinaus konnten markante Unterschiede in der Bewertung zwischen städtischen und ländlichen Vertretern im Rahmen dieser Befragung nicht festgestellt werden.

Exkurs: Interkulturelles Verstehen

Die vagen Aussagen der Befragten zu möglichen Mentalitätsunterschieden zwischen verschiedenen Ethnien deuten auch auf ein hohes Maß an interkulturellen Missverständnissen hin. Unterschiede werden zwar erfahren, können aber nicht erklärt werden. Die Folge sind verzerrte Interaktionen, die wiederum zu falschen Wahrnehmungen und Einordnungen führen - durchaus von beiden Seiten.

An zwei Beispielen versuchte die Befragung diesem Phänomen nachzugehen. Zum einen wurde nach der Bedeutung der Kategorie "Ehre" für ausländische Mannschaften/Spieler gefragt (Tab. 12).[34] Zum anderen wurde nach der Einschätzung unterschiedlicher, kulturell bedingter körperlicher Verständnisse von Fußball gefragt (Tab. 13).[35] Die Antworten lassen den Schluß zu, daß dieser Zusammenhang gesehen wird. Eine große Mehrheit der Befragten bestätigt die Bedeutung der Kategorie Ehre - und damit auch die Schneise, in die gezielte Provokationen einbrechen können. Hinsichtlich des körperlichen Verständnisses von Fußball bestätigt ebenfalls eine Mehrheit bestehende Unterschiede. Wenn von diesen wiederum eine Mehrheit aus diesem unterschiedlichen Verständnis zusätzliche Aggressions- und Gewaltpotentiale für möglich hält, dann bestätigt auch dieses Ergebnis die Gefahr interkultureller Mißverständnisse.[36] Derartige Mißverständnisse können zu grundsätzlichen Ressentiments werden. "Wenn man also den Sport als interkulturelles Begegnungsfeld erhalten möchte, muß man über gezielte Interventionsstrategien zur Vermeidung des Entstehens von tiefgreifenden, gegenseitige Ressentiments erzeugenden Konflikten verfügen."[37]

---

34 Kothy, Konfliktdimensionen, S. 69: die "Kategorie der Ehre" ist Ausdruck von Community-Gefühlen, die es stellvertretend für die gesamte Gemeinschaft zu verteidigen gilt - wie es die Aussage eines türkischen Fußballspielers aus Berlin zum Ausdruck bringt: "Es geht nicht um Sport, es geht um Ehre."

35 Hierzu: Bröskamp, Bernd, Körperliche Fremdheit. Zum Problem der interkulturellen Begegnung im Sport, St. Augustin 1994.

36 Einschränkend muß allerdings bemerkt werden, daß viele Befragte diesen Zusammenhang nicht unmittelbar aus ihren Erfahrungen begründeten. Unterschiede im körperlichen Verständnis des Spiels seien zudem in den unteren Spielklassen kein Thema.

37 Bröskamp, Körperliche Fremdheit, S. 10/11.

Tab. 12: Glauben Sie, daß die Kategorie Ehre für ausländische Spieler/ Mannschaften eine besondere Bedeutung hat?

Ja 50	Nein 6	weiß nicht 5

G=61

Tab. 13: Fußball ist ein körperbetontes Spiel. Glauben Sie, daß es zwischen unterschiedlichen ethnischen Vereinen ein unterschiedliches Verständnis vom Spiel und seiner Körperlichkeit gibt? (z.B. technisches 'körperloses' Spiel (brasilianisches Spiel) vs. kampfbetontes 'körperbetontes' Spiel (englisches Spiel))

Ja 38)	Nein 21	weiß nicht 2

G=61

Wenn ja, glauben Sie, daß aus diesem unterschiedlichen Verständnis des Fußballs zusätzliche Aggressions- und Gewaltpotentiale entstehen?

Ja 25	Nein 8	weiß nicht 5

G=38

Ausländerfeindlichkeit?

Die zitierten Aussagen sowie die Potentiale des Mißverstehens verweisen auf Wahrnehmungs- und Urteilsmuster, die in anderem Zusammenhang auch bei der Kennzeichnung ausländerfeindlicher Einstellungen eine Rolle spielen[38]. Gibt es also Ausländerfeindlichkeit im Amateurfußball? Die Mehrheit der Befragten ist nicht der Ansicht. 24 Befragte allerdings meinen sehr wohl, daß es Ausländerfeindlichkeit gibt. Die Hälfte von ihnen ist zudem der Ansicht, daß die Ausländerfeindlichkeit steigt.

Tab 14: Gibt es Ihrer Ansicht nach Ausländerfeindlichkeit im Amateurfußball?

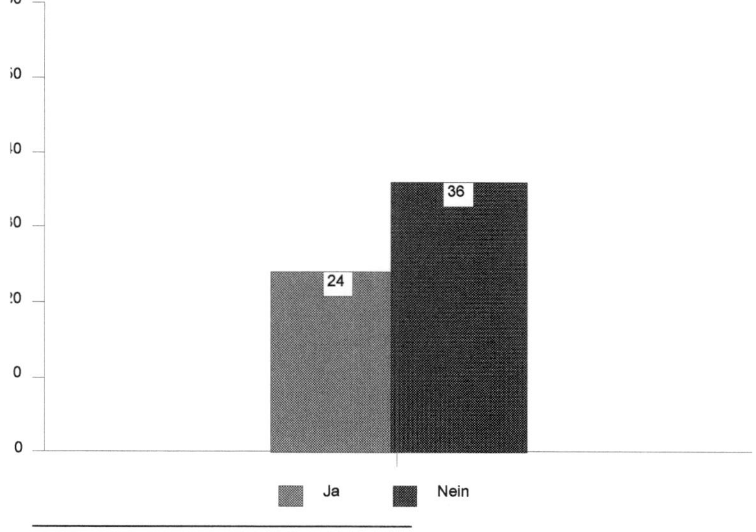

38 Hierzu: Lützenkirchen, H.-Georg, Ausländer - Migration - Asyl. Arbeitsmaterialien für ein Seminar zur politischen Bildung. Hrsg. von der Gewerkschaft der Polizei, Hilden 1995.

Wenn, ja, steigt die Ausländerfeindlichkeit Ihrer Ansicht nach, oder sinkt sie?

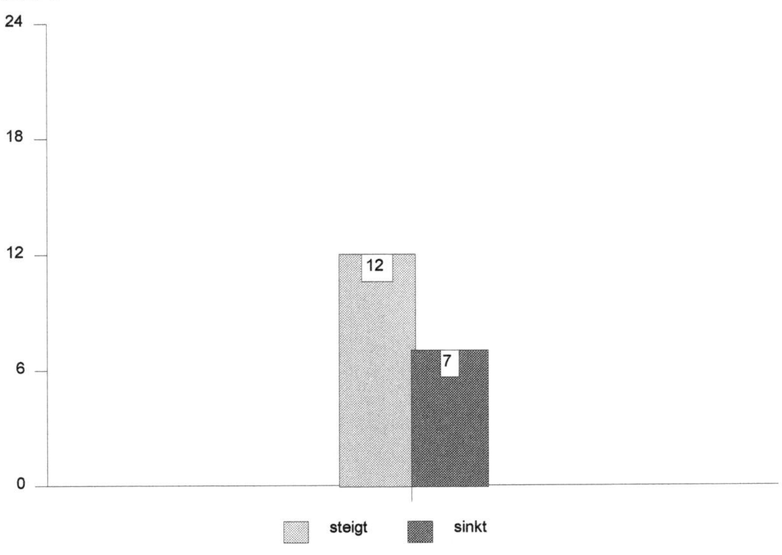

Ausländerfeindliche Potentiale sind also vorhanden. Sie sind als Konfliktpotential auf den Plätzen präsent und können als gezielte Provokationen, mit denen ethnische, religiöse oder familiär/persönliche Besonderheiten des Gegenspielers 'angegriffen' werden, spezifische konfliktfördernde Wirkung entfalten.[39] Tatsächlich bestätigen 37 Befragte, daß gezielte Provokationen gegenüber ausländischen Spielern eine häufige Ursache für konfliktfördernde Situationen auf den Sportplätzen darstellen. Daß umgekehrt ausländische Spieler deutsche Spieler gezielt provozieren, meinen ebenfalls 37 Befragte. Entscheidend aber ist, daß fast alle Befragten der Meinung sind, daß *"bei den Beteiligten nicht genügend Sensibilität besteht, solche Provokation frühzeitig zu erkennen und entsprechend schlichten zu können."* Hier mangelt es also eindeutig an ausreichender sozialer/kommunikativer Kompetenz zur präventiven Einwirkung.

Tab. 15: Wie bewerten Sie die Bedeutung von Provokationen als Ursache für aggressive/gewalttätige Handlungen?

	stimme zu	stimme nicht zu	weiß nicht
gezielte Provokationen von deutschen Spielern gegen ausländische Spieler/Mannschaften sind häufige Ursache für aggressive/ gewalttätige Handlungen	37	22	3

---

39 Vergl. hierzu auch: Pilz, Fußball und Fair Play, S.8: die Tatsache des "gezielten Provozieren des Gegenspielers" ist demnach bereits im Jugendbereich sehr verbreitet. Auffallend ist, daß ebenfalls bereits im Jugendbereich "türkische Spieler doppelt so häufig angeben, sich nach Provokationen zu revanchieren und auch doppelt so häufig angeben, regelmäßig mit Worten provoziert zu werden."

gezielte Provokationen von ausländische Spielern gegen deutsche Spieler/Mannschaften sind häufige Ursache für aggressive/ gewalttätige Handlungen	37	22	2
mit Provokationen muss man immer rechnen, egal wer gegeneinander spielt	52	7	2
Provokationen sind kein besonderes Problem	9	45	1

Latente ausländerfeindliche Potentiale wirken sich allerdings nicht nur in eine Richtung aus. Sie bestätigen auch bestehende Vorurteile auf Seiten der ausländischen Spieler. Somit kann sich der Effekt eines subjektiven Gefühls der Benachteiligung verstärken. Daraus können zusätzliche aggressive Potentiale erwachsen. Diesen Wirkungszusammenhang schließen auf die entsprechende Frage zumindest 34 Befragte nicht aus, weitere 15 Befragte halten es für möglich.

Allerdings bleibt es an dieser Stelle offen, ob diese Einschätzung auch als tatsächlicher Kausalzusammenhang nachgewiesen werden kann - hier wäre die Befragung von betroffenen Vereinsvertretern/Spielern besonders aufschlußreich.

Tab. 16: Glauben Sie, daß ausländische Mannschaften sich im Spielbetrieb grundsätzlich benachteiligt fühlen (z.B. weil sie die Schiedsrichter nicht für neutral halten) und deshalb aggressiver agieren?

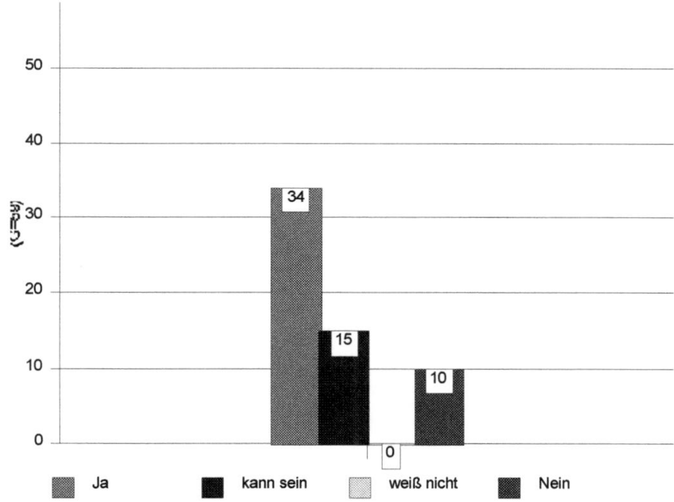

Übrigens: Sprachprobleme auf dem Platz spielen als unmittelbar gewalteskalierender Faktor nach Ansicht der meisten Befragten nur eine unwesentliche Rolle.[40]

---

40 Vergl. auch Tabelle 29: Wie schätzen Sie Sprachprobleme auf dem Platz ein?

3. Schiedsrichter

Rolle und Erwartungen

Es ist unbezweifelbar, daß in allen Konfliktsituationen auf dem Sportplatz der Schiedsrichter in besonderer Weise im Mittelpunkt steht. "Mit seiner entscheidenden und leitenden Funktion nimmt der Schiedsrichter schon aufgrund seiner Aufgabe beim Fußball eine zentrale Stellung ein."[41]
Doch gerade diese Stellung macht ihn zugleich auch zum bevorzugten Objekt aggressiver Handlungen bis hin zu Gewalthandlungen. Spektakuläre gewalttätige Ausfälle gegen Schiedsrichter beunruhigen die Verantwortlichen und erregen die Öffentlichkeit.[42] Derartige Fälle lassen das ansonsten oft als unterschwellige, latente Bedrohung existente Gewaltproblem im Fußball sehr plastisch erscheinen, weil Täter und Opfer eindeutig identifizierbar sind und ein solcher 'Fall' klar zu beschreiben ist. Eben deshalb und weil eine zentrale Instanz des Fußballspiels direkt betroffen ist, 'empört' ein Übergriff auf den Schiedsrichter in hohem Maße. Durch die Dominanz solcher Fälle im öffentlichen Bewußtsein wird die Gewaltthematik oft auf Gewalt gegen Schiedsrichter reduziert. Dieser Einschätzung stimmen die Befragten allerdings nicht zu. Nur knapp die Hälfte von ihnen stimmt der Ansicht zu, daß das Hauptproblem der Gewalt auf den Sportplätzen Gewalt gegen Schiedsrichter betrifft. (Tab.3).

Dagegen wird dem Schiedsrichter als ein wesentlicher ursächlicher Einflußfaktor für Konfliktsituationen große Bedeutung zugesprochen. Seine Entscheidungen werden gehäuft als unmittelbare Ursache für aggressive und gewalttätige Handlungen genannt (Tab. 17b), aber auch als wichtiger zusätzlicher Einflußfaktor mit Auswirkungen auf aggressives und gewalttätiges Verhalten benannt (Tab. 17a).

Tab. 17a: Bitte bewerten Sie folgende Einflußfaktoren in ihren Auswirkungen auf aggressives/ gewalttätiges Verhalten bei Spielern und Zuschauern.
(5=sehr wichtiger Einflußfaktor; 4=wichtiger Einflußfaktor; 3=keine Meinung; 2=unwichtiger Einflußfaktor; 1=kein Einflußfaktor)

	5	4	3	2	1
Spielstand	12	36	7	5	2
Vorgeschichte (Derby, Feindschaften u.ä.)	15	30	12	3	3
Bedeutung des Spiels	18	33	7	5	0
Spielklasse	5	10	10	30	8

41 Orth, Jan F., Vorschlag für ein Ausbildungsmodul "Gewaltprävention für Schiedsrichter", Skript (September 2001), S.4.

42 Der Fußballkreis 1 Köln reagierte im April 2000 mit einem öffentlichkeitswirksamen Signal: ein kompletter Spieltag aller Senioren und Junioren im Amateurbereich wurde als Reaktion auf die Gewalt gegen Schiedsrichter abgesetzt. Fernholz, Martin, Ein Fußballkreis schlägt Alarm, in: Kölnsport, Mai/2000, S. 13.

Schiedsrichterentscheidungen	26	30	6	1	1
Leistungsstreben	3	20	12	25	3
Ehrgeiz	2	27	11	23	0
Zuschauer: Eltern	26	33	3	1	0
Trainer/ Betreuer	19	37	2	5	1
Ort des Spiels	0	7	7	30	19

**Tab 17b: Von wem/was gehen Ihrer Ansicht nach aggressive und gewalt-
tätige Handlungen meistens aus?**

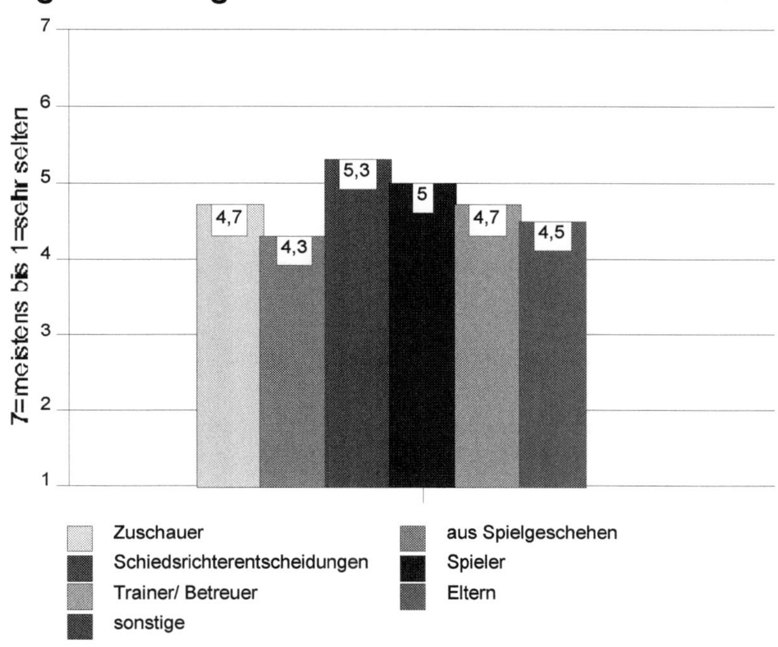

Die "Schlüsselrolle des Schiedsrichter" (Orth) bedingt auch eine bestimmte Erwartungshaltung ihm gegenüber. So soll der Schiedsrichter sich seiner besonderen Rolle bewußt sein und sie als potentieller Schlichter auch ausfüllen können. 47 Befragte sprechen ihm diese Rolle qua Amt zu. Als 'Moderator' soll er vor, während und nach dem Spiel wirken. Die höchste Zustimmung unter verschiedenen Aussagen zur Rolle des Schiedsrichters erzielten: *"Der Schiedsrichter muß auch vor und nach dem Spiel durch sein Verhalten seinem Amt gerecht werden"* und *"Der Schiedsrichter nimmt durch sein Verhalten (nicht nur durch seine Entscheidungen) Einfluß auf Entstehung und Entwicklung von Konfliktsituationen"*.

Tab. 18: Bitte bewerten Sie folgende Aussagen zur Rolle des Schiedsrichters in aggressiven/gewalttätigen Situationen?
(3= stimme zu; 2= unentschieden; 1= stimme nicht zu)

	3	2	1
Der Schiedsrichter spielt eine entscheidende Rolle, weil seine Entscheidungen meistens zu Konfliktsituationen führen	45	11	7
Der Schiedsrichter ist qua Amt der natürliche Schlichter	47	8	8
Der Schiedsrichter ist nicht verantwortlich für die Folgen seiner Entscheidungen	10	6	47
Der Schiedsrichter nimmt durch sein Verhalten (nicht nur durch seine Entscheidungen) Einfluß auf Entstehung und Entwicklung von Konfliktsituationen	60	1	2
Der Schiedsrichter ist nur für die regelgerechte Durchführung des Spiels verantwortlich	14	10	38
Der Schiedsrichter muß auch vor und nach dem Spiel durch sein Verhalten seinem Amt gerecht werden.	61	1	0
Der Schiedsrichter verhindert am wirkungsvollsten Konfliktsituationen durch konsequentes und kompromißloses Verhalten	34	15	14
Der Schiedsrichter verhindert am wirkungsvollsten Konfliktsituationen durch flexibles Verhalten	36	11	16

Anspruch und Wirklichkeit: Soziale Kompetenzen

Das führt unweigerlich zu der Frage, ob denn die Schiedsrichter dem sich andeutenden Anforderungsprofil gerecht werden. Doch 37 Befragte bezweifeln, daß die Schiedsrichter in brisanten aggressionsgeladenen Situationen angemessen handeln können. [43]

Tab. 19: Sind die Schiedsrichter genügend geschult, um in brisanten aggressionsgeladenen Situationen angemessen handeln zu können?

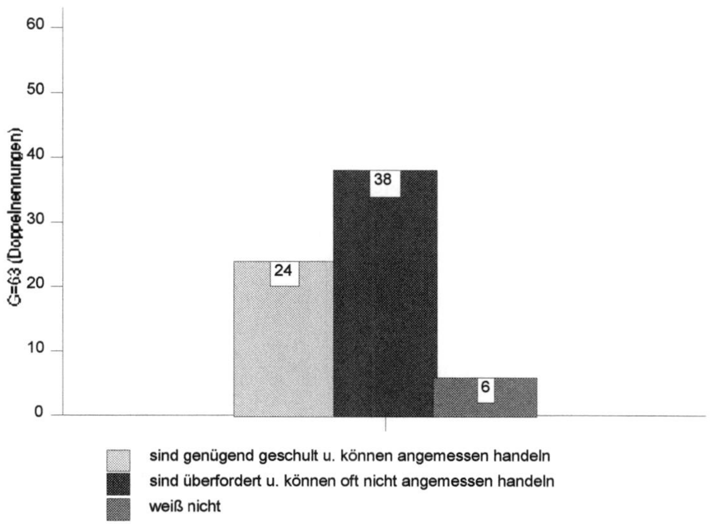

Die Nachfragen zeigen, daß zwar der Ausbildungsstandard der Schiedsrichter allgemein als gut anerkannt wird - allerdings nur im Hinblick auf Regelkenntnis und 'Theorie' ("Schulung ist okay, aber der einzelne Schiedsrichter ist oft überfordert", KJSK; "oft zu sehr fachlich-formale Ausbildung...", KSK). Defizite gibt es aber nach übereinstimmender Ansicht nahezu aller Befragten im Bereich der Verhaltensweisen, mit denen die Schiedsrichter zielgerichtet deeskalierend wirken können. Sehr oft seien die Schiedsrichter von ihrer Persönlichkeit her dazu nicht geeignet. Typisch die Aussage eines Kreisspruchkammervorsitzenden: "Geschult sind sie, aber es mangelt bei der 'Qualität der Persönlichkeit'". Diese "persönlichen Defizite" werden immer wieder genannt bis hin zur Aussage eines Kreisspruchkammervorsitzenden, daß aus diesem Grunde "viele Schiedsrichter eigentlich untragbar sind". Infolgedessen traut man den Schiedsrichtern erforderliche soziale Kompetenzen durchweg nicht zu.

Welche Kompetenzen sind gefragt? An erster Stelle steht bei allen Befragten "ruhiges", "besonnenes", "gelassenes", "souveränes" Auftreten. Der zweite genannte Kompetenzkomplex bezieht sich konkret auf Kommunikationsfähigkeiten, die zur Konfliktvorbeugung bzw. -bewältigung geeignet sind. Genannt werden u.a. die Fähig-

---

43 Diese Einschätzung unterscheidet sich nicht wesentlich bei den unterschiedlichen Funktionsträgern. Lediglich die Kreis-Schiedsrichter-Obleute sind mit knapper Mehrheit (6:5) der Ansicht, die Schiedsrichter seien ausreichend geschult und könnten angemessen handeln: KSO 6:5; KJO 3:7; KSK 4:8; TO 6:10; KJSK 5:8. Im übrigen betonen viele Befragte, daß ausreichende Schulung nur für Schiedsrichter in den höheren Spielklassen gewährleistet wäre.

keit (wohl auch: der Mut) "Kampfhähne zu trennen", "mehr Fingerspitzengefühl", "Gespräch mit Spielführern und Linienrichtern vor dem Spiel", "persönliche Gespräche" (KJSK), "Einfühlungsvermögen" (KSK), die Fähigkeit zur Ansprache, Freundlichkeit, Zureden, allgemeine Kommunikationskompetenz in brisanten Situationen.

Bezeichnend ist nun, daß die Befragten die in diesem insgesamt eher unspezifischen Kanon von wünschenswerten Eigenschaften immer wieder genannten Eigenschaften den meisten Schiedsrichtern nicht zusprechen. Auf eine entsprechende Nachfrage werden lediglich jene "älteren" Schiedsrichter, die gewissermaßen "aus Erfahrung" über die erwünschten sozialen Kompetenzen verfügen, von dieser Beurteilung ausgenommen.

Diese 'Bestandsaufnahme' verweist auf einen dringenden Nachholbedarf. Und der wird bestätigt: "Konfliktmanagement", "Konfliktvermeidungsseminare", "Psychologische Schulung für das Selbstbewußtsein" , "Sonderschulungen" im Bereich sozialer Kompetenz, intensivere "Praxisausbildung" v.a. für Jungschiedsrichter ("Jungschiedsrichter sollten ihre ersten Spiele zusammen mit erfahrenen Schiedsrichtern leiten", KJSK), vorausschauendes Erkennen von brisanten Situationen sind Stichworte, mit denen die Befragten den zusätzlichen Ausbildungsbedarf kennzeichnen.[44]

Wie sehr einerseits Regelkompetenz <u>und</u> soziale Kompetenz das Auftreten der Schiedsrichter prägen sollen, und andererseits nur vage Vorstellungen von den tatsächlichen (sozialen) Kompetenzen der Schiedsrichter bestehen, zeigt sich auch bei der Beurteilung von *"konsequentem Verhalten"* und *"flexiblem Verhalten"* als Konfliktverhinderungsoption. Tab. 18 zeigt, daß eine fast gleich hohe Anzahl der Befragten beiden Verhaltensweisen zustimmt. Was hinter dieser vermeintlich sich widersprechenden Verhaltensoption steckt, wird in den Antworten auf die Nachfrage (Tab. 20) deutlich. Die mit *"konsequentem Verhalten"* in Verbindung gebrachte *"natürliche Autorität"* wird von den meisten Befragten begrüßt, weil sich in dieser Vorstellung Regelkompetenz und (soziale) Verhaltenskompetenz in einem wünschenswert ausgewogenen Verhältnis befinden. Dieses Verhalten schließt Flexibilität dort, wo sie vonnöten ist, nicht aus. Eine Idealvorstellung. Mangelt es aber an dieser Ausgewogenheit, wird das ansonsten hoch geschätzte *"konsequente Verhalten"* auf Regelkompetenz reduziert und als Verhaltensoption zweifelhaft. Übrig bleibt ein Schiedsrichter, der auf dem Sportplatz vielfach als arrogant bzw. besserwisserisch wahrgenommen wird. Die dadurch erwachsenen Akzeptanz- und Durchsetzungsprobleme werden oft durch Überreaktion kompensiert bzw. durch Verunsicherung zum Ausdruck gebracht. In jedem Fall leidet das gewünschte souveräne Auftreten und steigt das Risiko konflikträchtiger 'falscher' Schiedsrichterentscheidungen.

---

44 Vergl. Orth, Vorschlag für ein Ausbildungsmodul. In diesem Vorschlag sind viele der genannten Themenkomplexe berücksichtigt.

Tab. 20: Konsequentes Verhalten des Schiedsrichters schafft eine Distanz zwischen Schiedsrichtern und Spielern. Wie schätzen Sie die Position des Schiedsrichters ein?
(3= stimme zu; 2= unentschieden; 1= stimme nicht zu)

	3	2	1
konsequentes Verhalten provoziert die Spieler, weil sie es als Arroganz deuten	15	15	32
konsequentes Verhalten gibt dem Schiedsrichter 'natürliche Autorität'	48	6	7
konsequentes Verhalten setzt den Schiedsrichter einem zusätzlichen Risiko aus, weil er zuviel Distanz zu den Spielern hat	10	5	47

Erschwerend kommt hinzu - das wird immerhin von der Hälfte der Befragten auf die entsprechende Frage festgestellt - daß die Schiedsrichter nicht genügend Unterstützung im unmittelbaren Spielbetrieb erfahren.

Wünschenswert erscheint vielen eine bessere Unterstützung des jeweils gastgebenden Vereins. Schon durch geringe Anstrengungen (Empfang, Ansprache, Ansprechpartner) könnte so gerade unerfahrenen Schiedsrichtern, vor allem Jungschiedsrichtern mehr Sicherheit und Rückhalt vermittelt werden. In ähnlicher Weise erscheint es wünschenswert, daß die Trainer und Betreuer dem Schiedsrichter 'entgegenkommen'. In diesem Zusammenhang plädieren einige Befragte auch für eine 'Erziehung' im Verein: die aktiven Fußballer, die Trainer und die Schiedsrichter sollten ein Zusammengehörigkeitsgefühl entwickeln, das ein besseres Verständnis für die jeweiligen Aufgaben und Funktionen möglich macht. Eine solche Möglichkeit sei zum Beispiel die Teilnahme der Schiedsrichter eines Vereins am Training der Seniorenmannschaft.

Erfreulich ist, daß der Einsatz ausländischer Schiedsrichter ohne besondere Probleme abläuft. Die meisten Aussagen bestätigen ausdrücklich positive Erfahrungen mit diesen Schiedsrichtern.

4. Zuschauer

Der Einfluß der Zuschauer auf aggressive und gewalttätige Stimmungen auf den Amateursportplätzen wurde bislang eher als ein marginaler Aspekt betrachtet. Zuschauerverhalten als Fanverhalten bei den Profis ist dagegen seit langem schon Beobachtungsfeld.[45]
Allerdings lassen sich die dort gewonnenen Erkenntnisse nur begrenzt auf das Zuschauerverhalten im Amateurbereich übertragen. Ein dem Fangruppenverhalten in (und um) den großen Stadien vergleichbares Verhalten von Zuschauergruppen auf Amateursportplätzen anzunehmen, darf wohl als 'Übertreibung' angesehen werden. Wohl aber gilt es wahrzunehmen, daß auch auf dem kommunalen Sportplatz bei einem Kreisliga-B-Spiel Zuschauerverhalten als konfliktverschärfendes Verhalten stattfinden kann. Die räumliche und persönliche Nähe der Zuschauer zu 'ihren' Spielern spielt dabei ebenso eine Rolle wie örtliche, traditionsbedingte Rivalitäten oder die Hektik eines entscheidenden Spiels um Auf- oder Abstieg. Einige dieser Umstände verweisen bereits auf über den unmittelbaren Fußballanlaß hinausreichende Aspekte gesellschaftlicher und sozialer Rahmenbedingungen. Dies wird etwa deutlich, wenn sich örtliche Rivalitäten mit sozialen und gesellschaftlichen Merkmalen verbinden - das kann sowohl die "Asis" aus dem städtischen sozialen Brennpunkt wie die "Schnösel" aus dem bürgerlichen Vorort treffen. Kein eigentlich neues Phänomen möchte man meinen. Allerdings sind Veränderungen zu registrieren: Wenn die Fußballmannschaften immer öfter stellvertretend für ihr soziales, gesellschaftliches, und ethnisches Milieu antreten, nicht nur um das Spiel zu gewinnen, sondern auch um in einem grundsätzlicheren Sinne die eigene Überlegenheit zu demonstrieren, dann dient das Fußballspiel einer kollektiven Identitätsvergewisserung. Das Fußballspiel ist dann eine (ernste) Angelegenheit der ganzen Community. Das mag im übrigen auch die für Kreisligaspiele verblüffend hohen Zuschauerzahlen und das hohe emotionale Engagement dieser Zuschauer erklären, mit denen vor allem einige ausländische Vereine ihre Gegner 'beeindrucken'.

Zuschauerverhalten

Zuschauer verstärken Aggressionen während eines Fußballspiels und haben Anteil an aggressiven Stimmungen vor und nach dem Spiel. Beide Aspekte werden von den Befragten besonders hoch gewichtet. Dies und der aufputschende Einfluß auf die Spieler, sowie direktes Einschreiten der Zuschauer werden ebenfalls als Risikofaktoren für aggressions- und gewaltgeladene Situationen hoch gewichtet. Gleichzeitig werden besänftigende, deeskalierend wirkende Verhaltensweisen der Zuschauer sehr niedrig gewichtet. Aussagen an anderer Stelle wie "Von den Zuschauern kann man nichts erwarten...", "auf Zuschauer und Eltern hat man wenig Einfluß"[46] bestätigen die Einschätzung, daß Zuschauerverhalten grundsätzlich eher als Risikofaktor in konfliktgeladenen Situationen angesehen wird.

---

45 Vergl. hierzu etwa die Untersuchungen von Gunther Pilz u.a. Siehe Literaturverzeichnis.
46 Die zitierten Aussagen stammen aus den Begründungen zur Frage I.14. (Tab.: 23).

Tab. 21: Welche Rolle spielt das Zuschauerverhalten im Hinblick auf Entstehen und Verlauf aggressiver/gewalttätiger Situationen? Gewichten sie folgende Aussagen nach ihrer Bedeutung

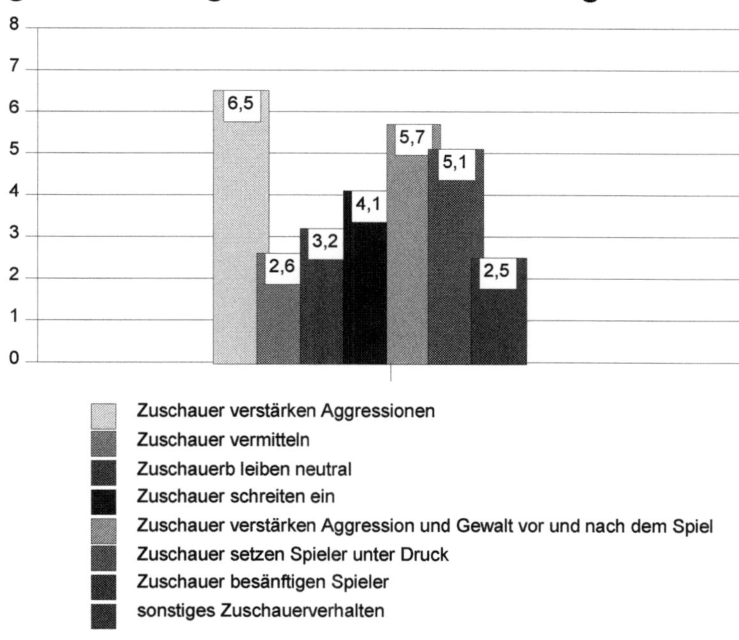

Allerdings wird oft darauf hingewiesen, daß solche 'Konfliktpotentiale' nicht neu sind. Lokalkämpfe, wichtige Auf- und Abstiegsspiele waren seit jeher Gelegenheiten zu emotionalen Auseinandersetzungen, bei denen auch die Gefahr gewalteskalierender Vorfälle bestand. In solchen Situationen erhöht sich die Konfliktbrisanz, wenn Alkohol im Spiel ist. Im Verbund mit einer speziellen Gruppendynamik (Cliquen) und dem 'Phänomen' der Regelunkenntnis - die genannten Aspekte werden von den Befragten als sehr wichtig bzw. wichtig in ihren Auswirkungen auf aggressives Verhalten benannt - kann sich sehr schnell eine brisante Dynamik entwickeln.

Tab. 22: Bitte bewerten Sie die folgenden Kriterien in ihren Auswirkungen auf das aggressive Verhalten der Zuschauer.

(5=sehr wichtig; 4=wichtig; 3=keine Meinung; 2=unwichtig; 1=kein Einflußfaktor)

	5	4	3	2	1
aggressive gesellschaftliche Normen und Werte	15	26	8	10	4
Feindschaften	9	22	11	12	8
aggressive Erwartungshaltungen der Zuschauer	11	22	6	18	6
Ehrgeiz/Ansporn der eigenen Mannschaft	12	30	9	11	1
Niederlage der eigenen Mannschaft	9	32	10	10	1
schlechtes Spiel (der eigenen Mannschaft)	8	21	8	20	5
Schiedsrichterentscheidungen	27	34	2	1	0
Alkohol	32	9	7	11	4
Gruppensituation (-dynamik)	15	31	8	3	1

Unkenntnis über Regelwerk	20	27	7	1	1
Provokationen von Zuschauern	12	35	8	8	0
sonstiges (bitte benennen)	0	2	1	1	1
Verhalten d. Vereinsverantwortlichen	1				

Präventives Einwirken

Umso bedeutsamer ist präventives Eingreifen. Das gelingt dort am ehesten, wo direkte Einflußmöglichkeiten auf das Spielgeschehen und das Umfeld bestehen. Auf die Frage, wer zur Schlichtung bzw. deeskalierenden Einwirkung besonders aufgerufen ist, werden deshalb Trainer, Betreuer und Vereinsverantwortliche hervorhebend genannt. Sie sind nach Ansicht der Befragten besonders gefordert, weil sie unmittelbar auf die Beteiligten einwirken können. Stellvertretend kennzeichnet diese präventive Aufgabe ein Kreisjugendspruchkammervorsitzender: "Sie haben Einfluß und Kontakt, kennen die agierenden Personen am besten und können diese daher beeinflussen".

Umso bedenklicher muß dann allerdings stimmen, wenn in den Erläuterungen zu diesen Einschätzungen immer wieder angeführt wird, daß gerade bei den Genannten das entsprechende Verantwortungsbewußtsein sowie die nötigen konfliktausgleichenden Kompetenzen zumeist nicht vorhanden sind - so etwa, wenn Trainer und Betreuer selber unfair agieren oder durch ihr Verhalten zum Aufschaukeln vorhandener Unruhe beitragen.

Um derart bedingte Konfliktsituationen, an denen sehr schnell die Zuschauer beteiligt sind, einzudämmen, sind Ordnungsdienst und Stadionsprecher (sofern vorhanden) gefordert. Ihr Eingreifen ist freilich bereits Reaktion und wird von den Befragten deshalb als Folge mißglückter Prävention angesehen. Aber auch in solchen Situationen ist oft das nötige Verantwortungsbewußtsein nicht vorhanden, wenn die Stadionsprecher bewußt oder unbewußt die Stimmung aufputschen - mit stillschweigender Einwilligung der Vereinsverantwortlichen.

Tab. 23: Wer ist ihrer Ansicht nach bei gewalteskalierenden Prozessen besonders gefordert? Bitte bewerten Sie nach der Wichtigkeit
(Doppelnennungen sind möglich)

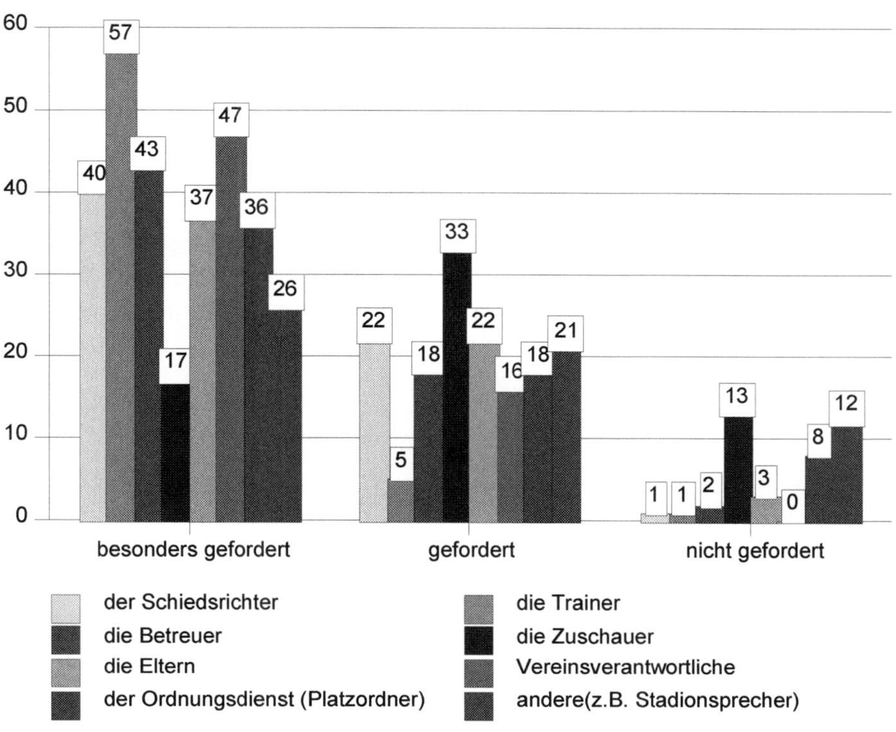

Das 'Elternproblem'

Ein besonderes 'Problem' unter den Zuschauern sind die Eltern (bei Jugendspielen). Wenn immerhin knapp 36% der Befragten der Ansicht sind, daß bereits der Jugendbereich von C-Jugend abwärts vom Gewaltproblem betroffen ist (vergl. Tab. 1), dann liegt dies sicher auch am Verhalten der Eltern - ein konfliktverschärfendes Verhalten. Kein Wunder, daß 53 Befragte bestätigen, daß es ein Zuschauerproblem im Jugendbereich (Eltern) gibt (vergl. Tab. 3). Wenn die Aussage *"Trainer/Betreuer tragen von außen Unruhe in das Spiel"* von 57 Befragten bestätigt wird (Tab 3.), kann auch das in diesem Zusammenhang als Bestätigung interpretiert werden: Trainer/Betreuer bei Jugendspielen - insbesondere dann, wenn sie nicht hinreichend ausgebildet und auch deshalb beeinflussbarer als gut ausgebildete Trainer/Betreuer sind - stehen oft unter besonderem Druck der Eltern. Vielfach gehören Eltern auch selbst zum Betreuerstab.
Als typische Elternverhaltensweisen, die zur Steigerung von Unruhe und aggressiver Hektik beitragen, werden u.a. genannt: übersteigerter Ehrgeiz seitens der Eltern, extreme Parteilichkeit ("fanatisches Denken und Handeln", KJO), Überforderung der Kinder, "Aufputschen vom Spielfeldrand", "Bedrohungen" (KJSK), respektloses Verhalten gegenüber dem Schiedsrichter (vor allem Jungschiedsrichter), aggressives "Reinbrüllen" und die damit verbundene Beeinflussung der Kinder.

Diese Bestandsaufnahme kennzeichnet eine vertane Chance. Denn die meisten Befragten betonen, daß nach wie vor gerade die Eltern ein entscheidendes positives

Einflußpotential darstellen. Sie sind unmittelbare Vorbilder für ihre Kinder - weitaus mehr noch als die Trainer und Betreuer. Das allerdings verweist auf die Erziehungsaufgabe der Eltern. Obwohl an dieser Stelle nicht nachgefragt, lassen einige Bemerkungen der Befragten vermuten, daß sie der Ansicht sind, viele Eltern würden ihrer Erziehungsaufgabe nicht oder nicht ausreichend nachkommen. Wie auch immer: es muß zu denken geben, wenn die Vorbildfunktion in diesem Sinne nicht nur verpaßt wird, sondern sogar in negativer Weise 'mißbraucht' wird.

Als Einzelaussage taucht in diesem Zusammenhang ein Aspekt auf, der zukünftig mindest dort, wo die entsprechenden Voraussetzungen gegeben sind, von wachsender Bedeutung sein kann: Während immer mehr Kinder und Jugendliche zu attraktiven Konkurrenzsportarten abwandern, bekommen "Fußballvereine zunehmend die problematischen Randgruppen" - und damit auch die dort existenten Erziehungs- und Sozialisationsprobleme.

5. Fair-Play

Fair Play gilt gemeinhin als Idealmaßstab zur Bewertung sportlicher Aktivität. Verstanden wird darunter sowohl eine Art idealtypischer (End)zustand, in dem Sport stattfindet, als auch eine erzieherische Absicht. Vor allem diese ist es, die in öffentlichkeitswirksamen Fair-Play-Kampagnen auf regionaler Ebene oder bundesweit, angestrebt wird. Dahinter steht immer die Vorstellung, die Erziehung zu Fair Play und ein wachsendes Fair-Play-Bewußtsein führe zu weniger Aggressivität auf den Sportplätzen, mithin zu weniger Gewalt. Dabei soll Fair Play ebenso unmittelbar in das sportliche Geschehen wirken, indem die Spieler beispielsweise bewußt auf situationsbedingte instrumentelle Aggressionen verzichten, wie es durch die Erziehung zur Rücksichtnahme und Respekt deeskalierende Voraussetzungen schaffen soll.

Angesichts der Idealvorstellung ist die Tatsache, daß mehr als die Hälfte der Befragten der Ansicht ist, daß die Bedeutung von Fair-Play im Amateurfußball allgemein abnimmt, zunächst einmal ein resignierender Befund (vergl. Tab. 3).

Verständnis von Fair Play

Eine Voraussetzung für die gewünschte Wirkungsweise einer Fair-Play-Erziehung ist Einverständnis über das, was Fair-Play im Fußball sein soll bzw. wie intensiv es ihn prägt. Immerhin betont die Mehrzahl der Befragten (39), daß *"ein Fair-Play-Ideal"* zum Wesen des Fußballs gehört. Dagegen meinen nur 26 Befragte, ein *"aggressives Grundverhalten"* gehöre zum Wesen des Fußballs.

Tab. 24: Glauben Sie, daß zum Wesen des Fußballs eher ein gewisses aggressives Grundverhalten ("aggressives Normensystem") oder eher ein Fair-Play-ideal gehört?

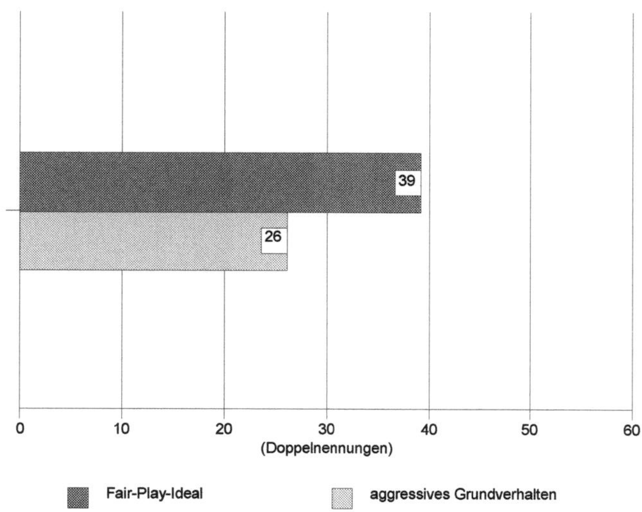

Doch im Zusammenhang mit der an anderer Stelle nachgefragten Meinung zu kämpferischen Bestandteilen des Spiels bzw. zur Aussicht einer Entwicklung des Fußballs zu mehr körperlosem Spiel - was die Mehrheit ablehnt (vergl. Tab. 6) - läßt sich feststellen: das Fair-Play-Ideal ist noch nicht überzeugend vermittelt mit jenen Eigenschaften des Fußballs, die das kämpferische Element betonen und eine gewisse "gesunde Härte" dem Spiel immanent sehen. Vor allem bleibt offen, in welcher Weise sichergestellt ist, daß die "gesunde Härte" auch tatsächlich "gesund", will sagen fair bleibt. Die Grenzen sind fließend und im Zweifelsfall entscheidet sich die Praxis daran, ob die einen ein Foulspiel noch fair nennen, während die anderen dasselbe Foul als unsportlich ansehen. In beiden Fällen ist Fair Play ein abhängiger Begriff. Eigene Gestaltungskompetenz geht vom ihm nicht aus (Fair Play Regeln).

Dieser ungelöste Widerspruch läßt sich am Begriff des "fairen Fouls" zeigen.[47] Zwar ist die Mehrzahl der Befragten zunächst der Ansicht, daß es "faire Fouls" grundsätzlich nicht gibt. Im konkreten Spielgeschehen aber sind sie dennoch festzustellen und folglich werden sie auch von den Befragten differenziert bewertet: Von 73 Bewertungen (hier waren Doppelnennungen möglich) fallen 15 auf die Aussage *"Faire Fouls gehören zum Spiel"*, ebensoviele auf die Aussage *"Faire Fouls sind taktische Maßnahmen"*. Lediglich 35 Bewertungen meinen jetzt noch *"Faire Fouls gibt es nicht"*. 11 Bewertungen fallen auf die Aussage *"Faire Fouls sind unsportlich"*.

Tab 25a: Gibt es "faire Fouls"?

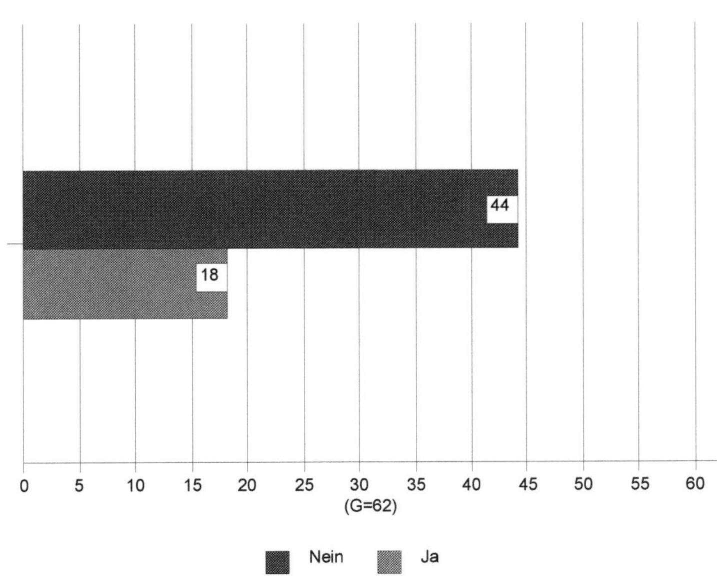

---

47 Hierzu auch: Pilz, Fußball und Fair Play.

Tab. 25b: Wie bewerten Sie "faire Fouls"?

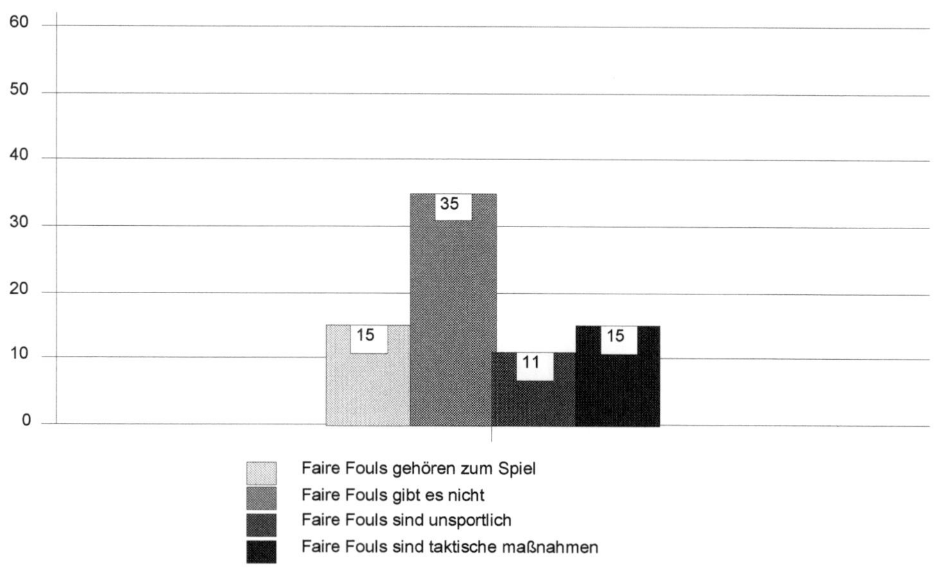

Daß Anspruch und Wirklichkeit des Fair-Play-Ideals im Fußball auseinanderfallen, zeigt auch die Einschätzung zu den Wirkungschancen von Fair-Play. Während in unterschiedlichen Untersuchungen[48] herausgearbeitet wurde, daß in der Realität das Fair-Play-Ideal bereits im Jugendbereich zugunsten des Erfolgsstrebens verwässert und zunehmend unwichtiger wird, betont die Mehrheit der Befragten weiterhin die Erfolgspotentiale von Fair-Play. Hier wie auch in den Antworten auf die Frage, ob Fair-Play und Leistungsstreben sich gegenseitig ausschließen - 49 Befragte verneinen diese Ansicht - kommt wohl auch ein gewisses Wunschdenken zum Ausdruck. Vor diesem Hintergrund sind die 22 Voten, die dem Fairnessgedanken keine Chance gegen das Erfolgsstreben einräumen, einer realistischen Sichtweise wohl näher.

Tab 26a: Aus vielen Untersuchungen weiß man, daß mit zunehmendem Erfolgsdruck der Fairneßgedanke verwässert. Glauben Sie, daß der Fairneßgedanke überhaupt eine Chance hat gegen das Erfolgsdenken?

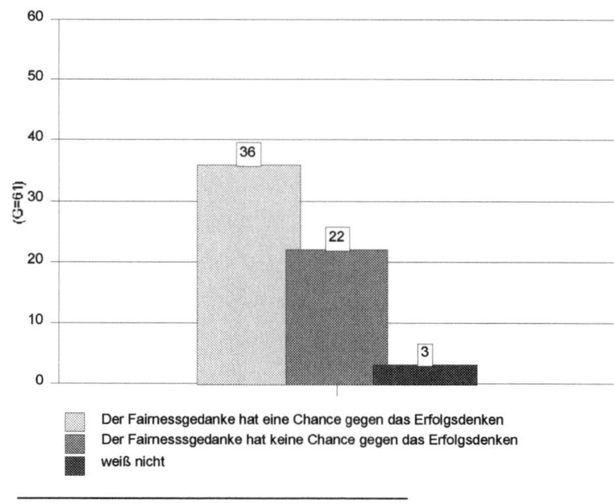

---

48 Pilz, Fußball und Fair Play.

Tab 26b: Schließt das Leistungsstreben Fairness aus?

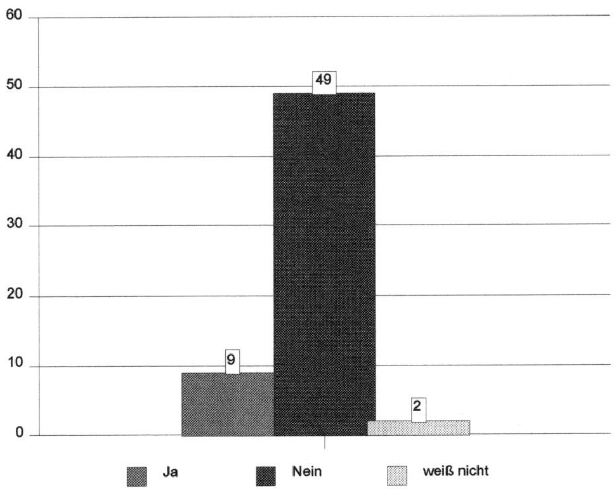

Akzeptanz von Fair Play

Laufende Fair-Play-Kampagnen werden in der Mehrzahl - sofern bekannt - positiv
bewertet. Eine positive Wirkung als Impuls - vor allem immer dann, wenn Fair-Play im
Rahmen von Fair-Play-Wettbewerben auch belohnt wird - auf das Fußballgeschehen
wird weitgehend bestätigt. Allerdings wird gegenüber längerfristigen Wirkungen vor
allem der Fair-Play-Kampagnen Skepsis in Aussagen wie "Absicht ist gut, aber errei-
chen des Ziels fraglich"; "besser als gar nichts"; "ich selbst finde sie gut, aber die
Akzeptanz ist mäßig"; "bringen wenig! Aufwand nicht wert!"; "dringen nicht bis unten
durch" geäußert. Deutlich wird, daß letztlich die 'Verantwortung' für Fair-Play an der
Basis mit dem Engagement von Einzelpersonen steht und fällt. Eine tiefgreifende
Akzeptanz, mithin eine selbstverständliche Anerkennung von Fair Play in allen Berei-
chen von der Vereinsführung bis zum Trainer der jüngsten Jugendmannschaft kann
aus den Aussagen der Befragten nicht geschlossen werden.

Das ohne Zweifel lobenswerte und 'wertvolle' Engagement für Fair Play bedarf der
gesellschaftlichen Würdigung. Und hier sehen viele Befragte eine Chance, wenn sie
betonen, daß die Akzeptanz des Wertes Fairness in einer "Ellbogengesellschaft" vom
Fußball bzw. seinen Aktiven (Eltern, Spieler, Trainer, Betreuer, Vereine) positiv beein-
flußt werden kann. Wenn auch vereinzelte Skepsis gegenüber allzu hohen Erwartungen an die Einflußmöglichkeiten des Fußballs geäußert wird, so weisen doch viele
Aussagen darauf hin, daß in diesem Bereich eine gesellschaftliche Aufgabe des Fußballs liegen könnte. Daß dies freilich eine diffizile Angelegenheit sein kann, mag an
dieser Stelle die Aussage eines Kreisspruchkammervorsitzenden verdeutlichen:
"Fairness wird in unserer "Ellbogengesellschaft" leider viel zu wenig vorgelebt und
praktiziert. Fußball als Kampfsport hat es schwer, diese Akzeptanz positiv zu beeinflussen. Sieg und Niederlage bzw. das Streben danach überlagert den Fair-Play-
Gedanken. Zum Sport gehören Sieg und Niederlage gleichermaßen - dies sollte man
den Beteiligten mehr vermitteln."

6. Lösungen, Perspektiven

Schlußfolgerungen und Empfehlungen

Die Befragung hat ergeben, daß eine Sensibilisierung für die 'Gewaltfrage' im Amateurfußball bei den Funktionsträgern vorhanden ist. Deutlich wurde auch die Sorge, die 'Gewaltfrage' könnte den Fußball so dominieren, daß der Sport zu kurz käme. Doch bei der Einschätzung konkreter Erscheinungen überwiegen Pauschalurteile und klischeeartige Erklärungsmuster. Bei der Einschätzung der ausländischen Vereine zeigt sich diese Tendenz besonders deutlich: viel guter Wille, der aber oftmals konterkariert wird durch fehlende Informationen, vor allem aber auch durch 'klassische' Vorurteilsstrukturen. Hier ist für alle Beteiligten noch dringender Informations- und Aufklärungsbedarf gegeben, um eine qualitative Bewusstmachung des Gesamtproblems herzustellen.[49]

In diesem Zusammenhang macht die Befragung auch deutlich, daß die Verantwortung des Fußballs für gesellschaftliche Problemerscheinungen in seinem Bereich angenommen wird. Allerdings ist dies keine Einbahnstraße. Immer wieder wird deshalb auch eine gesamtgesellschaftliche Unterstützung angemahnt. Zu Recht wird angeführt, daß der Fußball alleine keine umfassend präventiven Maßnahmen schultern kann. Will man etwa einen präventiven Effekt durch Integration von Ausländern erzielen, so kann dies nur in einem sinnvollen Zusammenspiel verschiedener gesellschaftlicher Kräfte gelingen. In diesem Netzwerk kann dann der Fußball seine Kompetenzen ebenso einbringen, wie er im Bedarfsfalle auf andere Kompetenzen (z.B. Sozialarbeit) zurückgreifen kann.[50]

Unstrittig ist nach Einschätzung der Befragten aber auch, daß in konfliktträchtigen und eskalierenden Situationen, die Beteiligten durchweg nicht über solche Kompetenzen verfügen, die es ihnen ermöglichen, deeskalierend einzugreifen und brisante Situationen selbst zu entschärfen. Viele Äußerungen etwa zum Verhalten von überforderten Schiedsrichtern oder überengagierten Eltern beschreiben das Gegenteil: durch mangelnde soziale Kompetenzen kann eine gefährliche Eskalationsdynamik entstehen. Am Beispiel der Schiedsrichter zeigt sich allerdings auch, welche Konsequenzen die Befragten fordern: vermehrte Einbeziehung konfliktbewältigender Methoden und Deeskalationstrainings in die Aus- und Fortbildungsmaßnahmen.[51]

---

49 Bewusstmachung ist der einer von drei Aktionsbereichen, die im Abschlußbericht der DFB-Arbeitsgruppe "Gewaltprävention" genannt werden. Die beiden anderen Aktionsbereiche sind "Konkrete Maßnahmen" und "Durchsetzungsstrategien". Vergl. DFB-Arbeitsgemeinschaft, Toleranz und Fairness, S.7ff.

50 Der Netzwerkgedanke wird auch in den Ergebnissen der Barsinghausener Tagung "Gewaltprävention im Fußball" immer wieder aufgegriffen. Als konkrete Umsetzungsoption vergl. Lützenkirchen/ Toyka-Seid, Handlungsstrategien. Hier insbesondere die Idee der "Sportlotsen".

51 Für die Schiedsrichter berücksichtig der Vorschlag von Jan Orth bereits diese Einsichten: Orth, Vorschlag für ein Ausbildungsmodul. Für ein übergreifendes Aus- und Fortbildungskonzept: Lützenkirchen/ Toyka-Seid, Handlungsstrategien.

Gesellschaftspolitische Rahmenbedingungen: Integrationsanforderungen

Die Befragung hat gezeigt, daß Integration ein hohes Ziel ist, dessen Realisierung aber mit vielen Schwierigkeiten verbunden ist. Und das, obwohl im allwöchentlichen Aufeinandertreffen von deutschen und ausländischen Fußballspielern praktische Integration erfolgreich betrieben wird. Das schließt aber spezielle Probleme und Konflikte, die gerade in diesem Bereich zu aggressiven und gewalttätigen Vorfällen führen können, nicht aus.

Diese Probleme und Konflikte lassen sich umso klarer benennen und Lösungen zuführen, je besser die Kenntnisse über die Lebenssituationen des jeweils anderen sind. Diese Kenntnisse, das hat die Befragung ergeben, sind indes gering. Es besteht ein hoher Informationsbedarf.

Vor allem erscheint es sinnvoll, die objektiven Integrationsbedingungen mit den subjektiven Integrationswünschen sowohl der Deutschen wie auch der Ausländer miteinander zu besprechen. Auf der Grundlage eines besseren gegenseitigen Verständnisses können konkrete Erfordernisse und Wünschen in den Vereinen benannt werden und nötigenfalls umgesetzt werden.

Gemeinsame gezielt positionierte Veranstaltungen von Ausländern und Deutschen, die an entsprechenden 'Brennpunkten' in Kooperation mit Schulen und Kommunen durchgeführt werden können, erscheinen sinnvoll zur Kontaktaufnahme und zum gegenseitigen Kennenlernen. Dabei kann der Verband mit unterstützendem Service (Organisations- und Finanzierungshilfen) eine wichtige öffentlichwirksame Signalwirkung erzielen. Insgesamt sollte der Verband darauf achten, daß derartige Aktivitäten im Rahmen eines umfangreichen gesellschaftlichen Netzwerks zur Bekämpfung von Rechtsradikalismus und Fremdenfeindlichkeit und der allgemeinen Prävention stattfinden. Kooperationen mit Kommunen, Schulen und anderen Einrichtungen sind anzustreben.

Aus- und Fortbildung

Ein dringender Aus- bzw. Fortbildungsbedarf wird für Trainer/Betreuer und Vereinsverantwortliche festgestellt. Angesichts der besonderen (präventiven) Verantwortung der Genannten, die in der Befragung deutlich hervorgehoben wird, ist es entscheidend, ihnen entsprechende Kenntnisse über die Ursachen und Erscheinungsformen von Aggression und Gewalt im (Fußball)sport, und den Umgang mit Konflikten zu vermitteln und ihre Deeskalationskompetenz zu stärken. Es empfiehlt sich die Bereitstellung entsprechender Module, die in die bestehenden Aus- und Fortbildungsgänge integriert werden können. Darüber hinaus erscheint der Aufbau eines eigenständigen überfachlichen Qualifizierungsangebots "Gewaltprävention" als zweite Säule sinnvoll. Ergänzende train-the-trainer-Seminare für die in der Aus- und Fortbildung tätigen Personen erzeugen einen Multiplikatoreffekt zur Stabilisierung des Aus- und Fortbildungsangebots.[52]

Vor dem Hintergrund der herausragenden Rolle der Schiedsrichter hat die Befragung einen komplexen Anforderungskatalog an die Schiedsrichter ergeben. Deutlich wurden vor allem Anforderungen zur sozialen Kompetenz. Vorschläge zur Eingliederung solcher Inhalte in die Ausbildung der Schiedsrichter liegen bereits vor (Orth). Zusätzlich erscheinen spezielle Trainings (z.B. Deeskalationstrainings) sinnvoll.

Bewährung und Erziehung als präventive Maßnahmen in der Sportgerichtsbarkeit

Im Sinne eines präventiven Bewußtseins gewinnt der Erziehungsgedanke in der Sportgerichtsbarkeit zunehmend Bedeutung.[53] Insofern mag die in der Befragung deutlich werdende Zustimmung für Bewährungsstrafen im Jugendbereich als erster Schritt zur Intensivierung alternativer erzieherischer, mithin präventiver Maßnahmen anstelle der klassischen lediglich reagierenden Strafzumessungen interpretiert werden. Im Seniorenbereich allerdings, das bringt die Befragung zum Ausdruck, werden derartige Ansätze nach wie vor recht skeptisch bewertet. Die mitgelieferten Begründungen lassen allerdings keine grundsätzlichen Einwände erkennen. Eher scheint eine gewisse konservative Grundhaltung, eine Zurückhaltung gegenüber einem zu großem Wagnis vorherrschend zu sein. Unter diesen Voraussetzungen erscheint es im Interesse der Sache wünschenswert, derartige Ansätze nachhaltig an die Basis zu vermitteln und auf diese Weise konsequente Überzeugungsarbeit zu leisten.

Tab. 27: Was halten Sie von Bewährungsstrafen zur Verkürzung von Sperrstrafen?

Ich bin für die vermehrte Einbeziehung von Bewährungsstrafen	40
Ich bin gegen die vermehrte Einbeziehung von Bewährungsstrafen	15
weiß nicht	4

G=59

Informationen und Service

Obwohl sich die meisten befragten Funktionsträger in der Gewaltfrage vom Verband bzw. vom Deutschen Fußball-Bund zunächst genügend unterstützt fühlen, wird doch im Gespräch immer wieder der Wunsch nach zusätzlichen Informationen und Maßnahmen angemahnt - vor allem dann, wenn bestimmte Probleme besonders drängend wahrgenommen werden. Es werden vor allem Informationsveranstaltungen gewünscht. Oft werden auch zusätzliche Kampagnen genannt, jedoch ist bemerkenswert, daß gleichzeitig auch Skepsis hinsichtlich des Erfolgs mitbenannt wird ("bleiben an der Oberfläche"; "zu teuer"; "dringen nicht bis zur Basis vor"; "zu praxisfern").

---

52 Vergl. Lützenkirchen/ Toyka-Seid, Handlungsstrategien.

53 Dahin zielen auch die Kernaussagen der im Forum 2 "Sportrecht und Sportgerichtsbarkeit" zusammengekommenen AG: "Bewährungsstrafen und Wiedergutmachung" auf der Barsinghausener Tagung: "Verfahren vor den Sportgerichten und die Strafen müssen dem Erziehungsgedanken Rechnung tragen. Die Vollstreckung von Strafen sollte zur Bewährung ausgesetzt werden. Auflagen und Weisungen können Strafen ablösen." Toleranz und Fairness, S.41.

Andere Formen der Unterstützung, wie vermehrte Einzelberatung, mehr allgemeine Info-Materialien, Einzelberatung und konkrete Handlungsanweisungen werden vergleichsweise selten genannt, jedoch mag ein Grund hierfür auch darin liegen, daß derartige Formen weitgehend unbekannt sind - und also auch nicht wirklich bewertet werden können.

Deutlich wird aber die Erwartungshaltung, daß der Verband bzw. der Deutsche Fußball-Bund ein umfassenderes Verständnis als Service-Einrichtung für seine Kreise und Vereine entwickelt.

Deshalb empfiehlt sich die Einrichtung einer ständigen Ansprechinstanz "Gewaltprävention". Sie kann mittelfristig zu einer vernetzten Dokumentations-, Informations- und Servicestelle ausgebaut werden. Sie liefert Standardmaterialien, vermittelt bei Bedarf Referenten und sonstige Kontakte im Rahmen eines Präventionsnetzwerkes. Um den Netzwerkgedanken bei der Einrichtung dieser Stelle von Beginn an hervorzuheben, empfiehlt sich eine Kooperation mit dem Deutschen Fußball-Bund und anderen Einrichtungen der Prävention, insbesondere dem Deutschen Präventionstag.[54]
Darüber hinaus empfiehlt sich die Einrichtung einer ständigen Internetpräsenz unter dem Stichwort "Gewaltprävention im Fußball". Grundlegende Informationen und Materialien können so schnell und bedarfsgerecht an die Basis vermittelt werden. Zur Finanzierung eines solchen Modellprojekts empfiehlt es sich, entsprechende Förderanträge zu stellen.

Tab. 28 a: Fühlen Sie sich in der Gewaltproblematik von DFB/FVM und in ihrem Kreis genügend unterstützt?

Ja 47	Nein 11	keine Meinung 3

G=61

---

54 Die vom Verf. vermittelte Präsenz des FVM und des Fußballkreises Köln auf dem 6. Deutschen Präventionstag in Düsseldorf wurde vom Fachpublikum mit sehr viel Interesse wahrgenommen. Im übrigen: Die neu eingerichtete DFB-Ethik-Kommission "sollte ... die jährliche Teilnahme des DFB am Deutschen Präventionstag bewerkstelligen..." DFB-AG, Toleranz und Fairness, S. 14.

Tab 28b: Welche Unterstützung würden Sie sich wünschen (Mehrfachnennung möglich)?

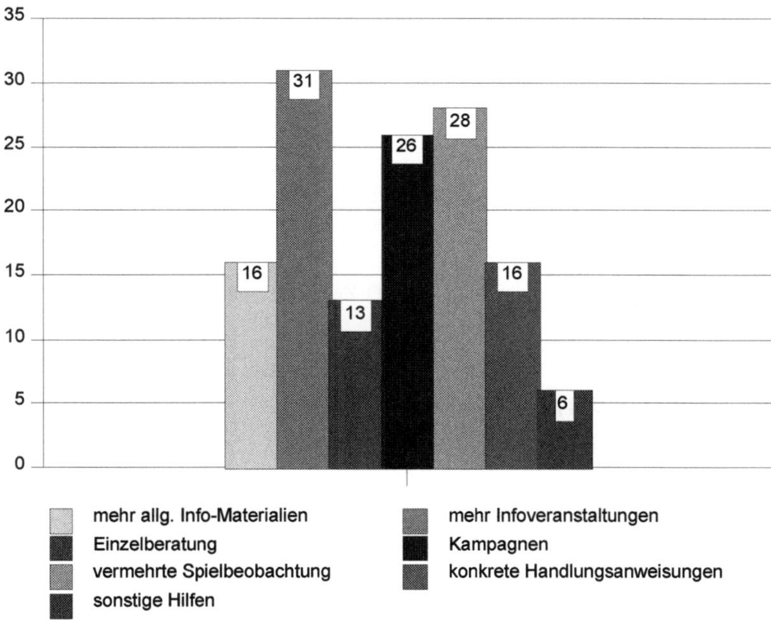

Einbeziehung der Profis

Deutlich wurde in der Befragung die nach wie vor herausragende Vorbildfunktion des Profibereichs. Der Deutsche Fußball-Bund ist deshalb bestrebt, die Liga bzw. ihre Vertreter in Maßnahmen einzubeziehen. Mit dieser Unterstützung sollte es auch möglich sein, die Ligavereine im Verbandsgebiet zu Kooperationen zu gewinnen. Nötigenfalls ist hier ein deutlich mahnender Hinweis auf die Einheit des Fußballs angebracht: Trotz der jeweils unterschiedlichen Rahmenbedingungen des Amateur- und Profifußballs gilt es, ein Zusammengehörigkeitsbewußtsein zu fördern und ein Verantwortungsbewußtsein für das Ganze zu pflegen.[55]

---

55 Dieser Gedanke greift Überlegungen auf, die in der DFB-AG "Gewaltprävention" von Kurt Vossem, Bayer Leverkusen, geäußert wurden.

Tabellenverzeichnis

1. Verzeichnis der im Text verwendeten Tabellen

Tab. 1: Welche Bereiche sind vom Gewaltproblem besonders betroffen?

Tab. 2: Wie beurteilen Sie selbst die Gewaltproblematik?

Tab. 3: Stimmen Sie folgenden Aussagen zu? (Aussagen zur Gewaltproblematik)

Tab. 4: Welchen Einfluß hat das professionelle Fußballgeschehen auf Aggressivität und Gewalt im Amateurfußball? (Vorbilder)

Tab. 5: Es gibt aggressive und gewalttätige Handlungen, die aus bestimmten Situationen entstehen (situative Disposition) und solche, die aufgrund bestimmter Persönlichkeitsmerkmale einzelner Beteiligter entstehen (persönlichkeitsspezifische Disposition, z.B. eher ruhiger Typ/ aufbrausender Typ). Wie schätzen Sie den Einfluß dieser Faktoren auf Ursachen und Entwicklung aggressiver und gewalttätiger Handlungen ein?

Tab. 6: Einfache Fouls werden oft als selbstverständliche Merkmale des Leistungserfolgs angesehen (z.B. 'wehrt' sich eine spielerisch unterlegene Mannschaft gegen spielstärkere Mannschaften mit 'kämpferischer' Aggressivität)? Wie bewerten Sie diese 'Übereinkunft'?

Tab. 7: Kann man über Regeländerungen Einfluß auf aggressives Handeln im Fußball nehmen?

Tab. 8: Soll zukünftig die "massive Beleidigung" ein Spielabbruchgrund sein? (Aspekt, Deeskalierende Vorbeugung durch Spielabbruch)

Tab. 9a: Wie interpretieren Sie die Gründung ausländischer Vereine im Hinblick auf die integrative Funktion des Fußballs? Behindern diese Vereine die Ausländerintegration oder leisten sie einen eigenen integrativen Beitrag?
Tab. 9b: Glauben Sie, daß ausländische Vereine sich zu sehr abschotten? Bitte nennen Sie Gründe für Ihre Meinung

Tab. 10: Im Zusammenhang mit zunehmenden aggressiven und gewalttätigen Handlungen im Amateurfußball wird oft auf das Konfliktpotential verwiesen, daß durch ausländische Mannschaften/Vereine entsteht. Stimmen Sie dem zu?

Tab. 11: Glauben Sie, daß der vielfach behauptete Zusammenhang zwischen steigenden Aggressions- und Gewaltpotentialen und der Zunahme ausländischer Mannschaften/Vereine für alle ausländischen Mannschaften/Vereine in gleichem Maße gilt?

Tab. 12: Glauben Sie, daß die Kategorie Ehre für ausländische Spieler/Mannschaften eine besondere Bedeutung hat?

Tab. 13: Fußball ist ein körperbetontes Spiel. Glauben Sie, daß es zwischen unterschiedlichen ethnischen Vereinen ein unterschiedliches Verständnis vom Spiel und seiner Körperlichkeit gibt? (z.B. technisches 'körperloses' Spiel (brasilianisches Spiel) vs. kampfbetontes 'körperbetontes' Spiel (englisches Spiel))

Tab. 14: Gibt es Ihrer Ansicht nach Ausländerfeindlichkeit im Amateurfußball?

Tab. 15: Wie bewerten Sie die Bedeutung von Provokationen als Ursache für aggressive/gewalttätige Handlungen?

Tab. 16: Glauben sie, daß ausländische Mannschaften sich im Spielbetrieb grundsätzlich benachteiligt fühlten (z.B. weil sie die Schiedsrichter nicht für neutral halten) und deshalb aggressiver agieren?

Tab. 17a: Bitte bewerten Sie folgende Einflußfaktoren in ihren Auswirkungen auf aggressives/ gewalttätiges Verhalten bei Spielern und Zuschauern.
Tab. 17b: Von wem/was gehen Ihrer Ansicht nach aggressive und gewalttätige Handlungen meistens aus?

Tab. 18: Bitte bewerten Sie folgende Aussagen zur Rolle des Schiedsrichters in aggressiv/gewalttätigen Situationen?

Tab. 19: Sind die Schiedsrichter genügend geschult, um in brisanten aggressionsgeladenen Situationen angemessen handeln zu können?

Tab. 20: Konsequentes Verhalten des Schiedsrichters schafft eine Distanz zwischen Schiedsrichtern und Spielern. Wie schätzen Sie die Position des Schiedsrichters ein?

Tab. 21: Welche Rolle spielt das Zuschauerverhalten im Hinblick auf Entstehen und Verlauf aggressiv/gewalttätiger Situationen? Gewichten Sie folgende Aussagen nach ihrer Bedeutung.

Tab. 22: Bitte bewerten Sie die folgenden Kriterien in ihren Auswirkungen auf das aggressive Verhalten der Zuschauer.

Tab. 23: Wer ist Ihrer Ansicht nach bei gewalteskalierenden Prozessen besonders gefordert?

Tab. 24: Glauben Sie, daß zum Wesen des Fußballs eher ein gewisses aggressives Grundverhalten ("aggressives Normensystem") oder eher ein Fair-Play-Ideal gehört?

Tab. 25a: Gibt es "faire Fouls"?
Tab. 25b: Wie bewerten Sie "faire Fouls"?

Tab. 26a: Aus vielen Untersuchungen weiß man, daß mit zunehmendem Erfolgsdruck der Fairnessgedanke verwässert. Glauben sie, daß der Fairnessgedanke überhaupt eine Chance hat gegen das Erfolgsdenken?
Tab. 26b: Schließt das Leistungsstreben Fairness aus?

Tab. 27: Was halten Sie von Bewährungsstrafen zur Verkürzung von Sperrstrafen?

Tab. 28a: Fühlen Sie sich in der Gewaltproblematik von DFB/FVM und in ihrem Kreis genügend unterstützt?
Tab 28b: Welche Unterstützung würden sie sich wünschen? (Mehrfachnennung möglich)

2. Verzeichnis der sonstigen Tabellen

Tab. 29: Wie schätzen Sie Sprachprobleme auf dem Platz ein?
Glauben sie das sprachliche Mißverständnisse...

... Ursache für Aggression und Gewalt sind?	17
... eine spezielle Eskalationsdynamik in Gang setzen?	12
... Vermittlungsbemühungen behindern?	26
... gezielt eingesetzt werden, um bestimmte Ziele zu erreichen (z.B. in die fremde Sprache ausweichen als Schutz)	39
... keinen nennenswerten Einfluß haben	20

(Mehrfachnennung möglich)

Tab. 30: Vielfach übernimmt ein Betreuer der Gastmannschaft die Schiedsrichterrolle. Halten sie diese 'Vereinbarung' für angemessen, oder glauben Sie, daß dadurch bereits ein Risikofaktor entsteht, weil der Schiedsrichter nicht mehr als neutral angesehen wird?

angemessen	21
Risikofaktor	41
weiß nicht	1

G=62(1 Doppelnennung)

Tab. 31: Zur Rolle der Schiedsrichterassistenten: halten Sie die Praxis der von den Vereinen gestellten Linienrichter für sinnvoll?

ist sinnvoll	31
ist nicht sinnvoll	27

G=58

Tab. 32: Aus Sicht vieler ausländischer Spieler ist der Schiedsrichter Vertreter des Mehrheitssystems (mithin der gegnerischen sozialen Gemeinschaft). Glauben Sie, daß diese spezielle Wahrnehmung ein besonderes Risiko für die Schiedsrichter bedeutet?

Ja 15	Nein 42

G=57

Tab. 33: Kennen Sie Fair-Play-Kampagnen? Wie kommen Sie an?

Ich kenne keine Fair-Play-Kampagne	7
Ich kenne Fair-Play-Kampagnen und finde sie gut	51
Ich kenne Fair-Play-Kampagnen und finde sie nicht gut	3

Tab. 34: Kann man über Regeländerungen Einfluß auf aggressives Handeln im Fußball nehmen?

kann man	24
kann man nicht	36
weiß nicht	2

G=62

Tab. 35: Ist die Erhöhung von Ordnungsgeldern oder von Sperrstrafen grundsätzlich ein geeignetes Mittel gegen Aggression und Gewalt?

Ja 17	Nein 41	weiß nicht 3

G=61

Tab. 36: Zur Darstellung des Gewaltproblems: Glauben Sie, daß das Gewaltthema in der Öffentlichkeit (örtliche Presse) angemessen dargestellt wird?

das Gewaltthema wird in der Öffentlichkeit zu reißerisch dargestellt	23
das Gewaltthema wird in der Öffentlichkeit angemessen dargestellt	29
das Gewaltthema wird in der Öffentlichkeit zu wenig dargestellt	11
weiß nicht	2

(Doppelnennungen)

Tab. 37: Fühlen Sie sich in der Gewaltproblematik von DFB/FVM und in ihrem Kreis genügend unterstützt?

Ja 47	Nein 11	keine Meinung 3

G=61

Tab. 38: Ist Aggression und Gewalt ein Thema für Ausbildungsgänge?

Ja, unbedingt	52
Nein, nicht nötig	4
war es immer schon	7
weiß nicht	0

Tab. 39: Würden Sie selbst an einer Aus- und Fortbildungsmaßnahme teilnehmen? Wenn nein, warum nicht?

Ja 51	Nein 9

Literaturverzeichnis

Beiersdorfer, Dietmar, R. Golz, A. Nijhuis, S. Sane u.a., Fußball und Rassismus, Göttingen 1993.

Bierhoff, Hans Werner, Ulrich Wagner (Hrsg.), Aggression und Gewalt: Phänomene, Ursachen und Interventionen, Stuttgart 1998.

Bröskamp, Bernd, Körperliche Fremdheit. Zum Problem der interkulturellen Begegnung im Sport, 1. Aufl., St. Augustin 1994.

Cronin, Mike, David Mayall, Sporting Nationalisms. Identity, Ethnicity, Immigration and Assimiliation, London/ Portland 1998.

Csaknady, Jenoe, Fussball ohne Brutalität. Erster Ehrenkodex des Fussball-Wettkampfs, Butzbach 1997.

DFB-Arbeitsgemeinschaft "Gewaltprävention" 13.03.2000 - 13.03.2001: Toleranz und Fairness - Fußball ohne Gewalt. Abschlussbericht, Frankfurt, März 2001.

Dunning, Eric, Sport Matters. Sociological studies of sport, violence and civilization, London/ New York 1999.

Eisenberg, Götz, Amok - Kinder der Kälte. Über die Wurzeln von Wut und Haß, Reinbek 2000.

Friedrichsen, G.: Was fasziniert so an Gewalt?, in: Der Spiegel v. 15.11.1999.

Gabler, Hartmut, Aggressive Handlungen im Sport. Ein Beitrag zur theoretischen und empirischen Aggressionsforschung, 2. Aufl., Schorndorf 1986.

Gabler, Hartmut, Fair geht vor - Sport zwischen Aggression und Fairneß, in: Grupe, Ommo (Hrsg.), Kulturgut oder Körperkult? Sport und Sportwissenschaft im Wandel, S. 172-194, Tübingen 1990.

Gabler, Hartmut, Gewalt, Jugend und Sport - ein sportspezifisches oder ein allgemeines gesellschaftliches Phänomen?, in: "...Überall in den Köpfen und Fäusten": auf der Suche nach Ursachen und Konsequenzen von Gewalt; S. 195-215, Darmstadt 1994.

Toleranz und Fairness. Gewaltprävention im Fußball. Fachtagung 27.09.-29.09.2001 in Barsinghausen. Dokumentation, Frankfurt (Dezember) 2001.

Grupe, Ommo, Dietmar Mieth (Hrsg.), Lexikon der Ethik im Sport, Köln 1998.

Heitmann, Helmut, Axel Pannicke, Präventionsmodell "Berliner Jugendfußball". Konzept für ein Gewalt-Präventionsmodell im Berliner Jugendfußball, Berlin 1999, (Script).

Heitmeyer, W., Entsicherungen. Desintegrationsprotesse und Gewalt, Frankfurt 1994.

Heitmeyer, Wilhelm u.a., Bedrohte Stadtgesellschaft. Soziale Desintegrationsprozesse und ethnisch-kulturelle Konfliktkonstellationen, Weinheim (u.a.) 2000.

Heitmeyer, Wilhelm, Baacke, Dieter (Hrsg.), Individualisierung von Jugend: Gesellschaftliche Prozesse, subjektive Verarbeitungsformen, jugendpolitische Konsequenzen, Weinheim 1990.

Heitmeyer, Wilhelm, Birgit Collmann u.a., Gewalt: Schattenseiten der Individualisierung bei Jugendlichen aus unterschiedlichen Milieus, Weinheim 1995.

Heitmeyer, Wilhelm, J. Müller, H. Schröder, Verlockender Fundamentalismus. Türkische Jugendliche in Deutschland, Frankfurt 1997.

Heitmeyer, Wilhelm, Peter, Jörg-Ingo, Jugendliche Fußballfans. Soziale und politische Orientierungen, Gesellungsformen, Gewalt, 2. Aufl., Weinheim 1992.

Heitmeyer, Wilhelm, u.a. (Hrsg.), Die Krise der Städte. Analysen zu den Folgen desintegrativer Stadtentwicklung für das ethnisch-kulturelle Zusammenleben, Frankfurt 1998.

Hughson, John, Unterstützung im Fussball und soziale Identität; Soccer support and social identity, in: Int. Rev. for the Sociol. of Sport; München; 33 (1998), 4, S. 403-409.

Kalter, Frank, Ethnische Kundenpräferenzen im professionellen Sport? - der Fall Fußball-Bundesliga, in: Zeitschrift für Soziologie, 3/99, 1999.

Klein, Marie-Luise, Jürgen Kothy (Hrsg.), Ethnisch-kulturelle Konflikte im Sport. Tagung der Dvs-Sektion Sportsoziologie vom 19. - 21.3.1997 in Willebadessen, Hamburg 1998.

Klose, Christian, H. Rademacher, B. Hafeneger, M.M. Jansen, Gewalt und Fremdenfeindlichkeit. Jugendpädagogische Auswege. Fünf Modellprojekte im Hessischen Jugendaktionsprogramm gegen Gewalt, Fremdenfeindlichkeit u. Rechtsextremismus. Ein Werkstattbericht, Opladen 2000.

Kuebert, Rainer, H. Neumann, J. Huether, W. Swoboda, Fussball, Medien und Gewalt. Medienpädagogische Beiträge zur Fussballfan-Forschung, München 1994.

Landessportbund NRW, Statistische Angaben zur Bestandserhebung der organisierten Ausländer/innen im Sport 1990, Duisburg 1991.

Lenk, Hans, G. Pilz, Das Prinzip Fairness, Osnabrück 1989.

Lützenkirchen, H.-Georg: Ausländer - Migration - Asyl. Arbeitsmaterialien für ein Seminar zur politischen Bildung. Hrsg. von der Gewerkschaft der Polizei, Hilden 1995.

Lützenkirchen, H.-Georg, Gewalt - Extremismus - Staatliches Gewaltmonopol. Arbeitsmaterialien für ein Seminar zur politischen Bildung, Gewerkschaft der Polizei (Hrsg.), Hilden 1995.

Lützenkirchen, H.-Georg/ Christiane Toyka-Seid, Handlungsstrategien für den Umgang mit Aggression und Gewalt im Amateur-Fußball. Ein Projekt für SchiedsrichterInnen, TrainerInnen und Vereinsführungen (in Zusammenarbeit mit der Projektgruppe "Gegen Gewalt in Fußballsport" beim Fußballkreis 1 Köln im Fußball-Verband Mittelrhein).

Mokrosch, Reinhold, Regenbogen (Hrsg.), Was heißt Gerechtigkeit?: ethische Perspektiven zur Erziehung, Politik und Religion, Donauwörth 1999.

Mummendey, Amelie u. Hans Dieter, Aggressives Verhalten im Fussball als soziale Interaktion, Bielefeld 1983.

Nitsch, Jürgen R., H. Allmer (Hrsg.), Emotionen im Sport. Zwischen Körperkultur und Gewalt, Köln 1995.

Orth, Jan F., Vorschlag für ein Ausbildungsmodul "Gewaltprävention für Schiedsrichter", Skript (September 2001).

Pilz, Gunter, Sport und körperliche Gewalt , Reinbek 1986.

Pilz, Gunter A., Aggression und Konflikt im Sport: Standortbestimmung der Aggressions- und Konfliktforschung im Sport und Diskussion aus erziehungswissenschaftlicher Sicht , Ahrensburg bei Hamburg 1976.

Pilz, Gunter A.: "Emotionen beleben das Geschäft" - vom widersprüchlichen Umgang mit der Gewalt: eine sozialkritische Analyse, in: Nord-Süd-Gipfel: Eine Dokumentation der 3. und 4. Bundeskonferenz der Fan-Projekte in München und Hamburg; Frankfurt am Main; Koordinationsstelle Fan-Projekte bei der Deutschen Sportjugend; 1997. S. 16-43, und in: Nitsch, Jürgen R./ Henning Allmer (Hrsg.), Emotionen im Sport. Zwischen Körperkultur und Gewalt, S.30 - 51.

Pilz, Gunter A., "Fussball ist für uns Krieg", in: Psychol. heute; 11 (1984), 8, S. 52-59, Weinheim.

Pilz, Gunter A., Social factors influencing sport and violence: on the "Problem" of football hoologanism in Germany, in: Int. Rev. for the Sociol. of Sport; München; 31 (1996), 1, S. 49-68, München.

Pilz, Gunter A., Fairness und ihr Verständnis im sportlichen Wettkampf oder: Die Moral des "fairen Fouls", in: Mokrosch, Reinhold/ Arnim Regenbogen (Hrsg.), Was heißt Gerechtigkeit? Ethische Perspektiven zu Erziehung, Politik und Religion, Donauwörth 1999.

Pilz, Gunter A., Fußball und Fair Play - Einstellungen zum Fair Play und Fairnessverhalten von C- und B-Jugend-Bezirksligaspielern und die Bedeutung der Trainer in der Fairnesserziehung. Kurzfassung, o.O. 2000, (Script).

Pilz, Gunter A., Henning Schick, Fußball und Gewalt - Auswertung der Verwaltungsentscheide und Sportgerichtsurteile im Bereich des niedersächsischen Fußballverbandes Saison 1998 - 1999, o.O. 2000, (Script).

Pilz, Gunter, D. Albrecht, H. Gabler u.a., Sport und Gewalt. Berichte der Projektgruppe "Sport und Gewalt" des Bundesinstituts für Sportwissenschaft, Schorndorf 1982.

Schäfer, Mechthild, Dieter Frey (Hrsg.), Aggression und Gewalt unter Kindern und Jugendlichen, Göttingen 1999.

Schmidt, Werner, Aggression und Sport. Längsschnittuntersuchung sozialpsychologischer Determinanten beim Fußball in unterschiedlichen Belastungssituationen, Ahrensburg 1978 (Diss.).

Stephens, Dawn, E., B. Bredemeier u.a., Construction of a measure designed to assess players' descriptions for moral behavior in youth sport soccer, in: Int. J. of Sport Psychol.; 28 (1997), 4, S. 370-390.

Stuetzle-Hebel, Monika, Die emotional-kognitive Bewältigung von Ärger und Aggressivität durch Sport: Ergebnisse eines Experiments, Frankfurt 1993.

Wagner, Ulrich, Rolf van Dick, Der Umgang mit Aggression und Gewalt bei Kindern und Jugendlichen. Einige psychologische Anmerkungen, in: Bundeszentrale für politische Bildung (Hrsg.), Aus Politik und Zeitgeschichte B 19-20/2000, Bonn.

Weis, Kurt, Sport und Gewalt , in: Jugend und Gewalt: Devianz und Kriminalität in Ost und West, S. 207-224., Opladen 1995.

ANHANG

Der Fragebogen

I. Allgemeines zu Erscheinungsformen von Aggression und Gewalt auf den Sportplätzen

1. Wie definieren Sie aggressives Verhalten?
    Bitte benennen Sie einige Kriterien in Stichworten oder Beispielen.

2. Aggressionen gehören zum menschlichen Verhalten und auch zum Sport. Nennen Sie Beispiele für solche 'positiven Aggressionen' im Fußball und grenzen Sie diese von negativen Aggressionen ab.

3. Wie definieren Sie gewalttätiges Handeln?
    Bitte benennen Sie einige Kriterien in Stichworten oder Beispielen.

4. Welche Bereiche sind vom Gewaltproblem besonders betroffen?

Jugendbereich: A- und B- Jugend
Jugendbereich: C- und D- Jugend
Jungendbereich: Jüngere
Senioren
kein Unterschied

5. Stimmen Sie folgenden Aussagen zu?

	stimme zu	stimme nicht zu	weiß nicht
das Hauptproblem der zunehmenden Gewalt betrifft Gewalt gegen Schiedsrichter			
Verbal-Attacken (Beleidigungen) werden immer heftiger			
Tätlichkeiten werden immer brutaler			

es gibt ein Zuschauer-Problem im Jugendbereich (Eltern)			
Ausländische Spieler erhalten für vergleichbare Vergehen höhere Strafen als ihre deutschen Mitspieler			
Trainer/ Betreuer tragen von außen Unruhe in das Spiel			
Die Bedeutung von Fair-Play nimmt allgemein ab			
Insgesamt nimmt die Gewalt im Fußball zu			

6.   Bitte bewerten Sie folgende Einflußfaktoren in ihren Auswirkungen auf aggressives/ gewalttätiges Verhalten bei Spielern und Zuschauern.
(5=sehr wichtiger Einflußfaktor; 4=wichtiger Einflußfaktor; 3=keine Meinung; 2=unwichtiger Einflußfaktor; 1=kein Einflußfaktor)

	5	4	3	2	1
Spielstand					
Vorgeschichte (Derby, Feindschaften u.ä.)					
Bedeutung des Spiels					
Spielklasse					
Schiedsrichterentscheidungen					
Leistungsstreben					
Ehrgeiz					
Zuschauer: Eltern					
Trainer/ Betreuer					
Ort des Spiels					

7.   Von wem/was gehen Ihrer Ansicht nach aggressive und gewalttätige Handlungen meistens aus?
(Gewichten Sie bitte von 7= meistens bis 1= sehr selten)

Zuschauer	
aus Spielgeschehen	

Schiedsrichterentscheidungen	
Spieler	
Trainer/ Betreuer	
Eltern	
sonstige	

8. Was sind für Sie typische außersportliche Erscheinungen, durch die Aggressivität und Gewalt in den Fußball hereingetragen werden. Nennen Sie bitte einige Beispiele und gewichten Sie die Beispiele in der Reihenfolge ihrer Bedeutung.

9. Wie beurteilen Sie selbst die Gewaltproblematik?
   a) als gesellschaftspolitisches Problemfeld
   b) als fußballspezifisches Problemfeld (Amateurfußball)
   Bitte begründen Sie Ihre Beurteilung.
   (5=sehr bedeutsam; 4=bedeutsam; 3=keine Meinung; 2=eher ein Randproblem;
   1=überhaupt kein Problem)

	5	4	3	2	1
als gesellschaftspolitisches Problemfeld					
als fußballspezifisches Problemfeld (Amateurfußball)					

10. Es gibt aggressive und gewalttätige Handlungen, die aus bestimmten Situationen entstehen (situative Disposition) und solche, die aufgrund bestimmter Persönlichkeitsmerkmale einzelner Beteiligter entstehen (persönlichkeitsspezifische Disposition, z.B. eher ruhiger Typ/ aufbrausender Typ). Wie schätzen Sie den Einfluß dieser Faktoren auf Ursachen und Entwicklung aggressiver und gewalttätiger Handlungen ein?
    (5= sehr bedeutsam; 4= bedeutsam; 3=wenig bedeutsam; 2= keine Bedeutung;
    1= weiß nicht)

	5	4	3	2	1
situative Disposition					
persönlichkeitsspezifische Disposition					

11. Man unterscheidet verschiedene Formen des Foulspiels und der dahintersteckenden Aggression:
    Revanchefoul (direkte Aggression zum Schaden des Gegners),
    Foul zur Verhinderung eines sportlichen Nachteils (instrumentelle Aggression),

gewöhnliches Foul (Regelübertretung).
Bis zu welchem Punkt gehören derartige Aggressionen zum Fußball? Versuchen Sie, eine Abgrenzung zu begründen.

12. Einfache Fouls werden oft als selbstverständliche Merkmale des Leistungserfolgs angesehen (z.B. 'wehrt' sich eine spielerisch unterlegene Mannschaft gegen spielstärkere Mannschaften mit 'kämpferischer' Aggressivität)? Wie bewerten Sie diese 'Übereinkunft'?
(3= stimme zu; 2= unentschieden; 1= stimme nicht zu)

	3	2	1
finde ich in Ordnung			
gehört zum Fußball			
ist mir egal			
ist schlecht für das Fußballspiel			
kann der Fußball nicht beeinflussen			
jedes Foul ist unsportlich			
"Fußball ist kein Mädchenspiel"			
Fußball sollte sich mehr in Richtung körperloses Spiel entwickeln			
andere Aussage			

13. Welchen Einfluß hat das professionelle Fußballgeschehen auf Aggressivität und Gewalt im Amateurfußball? (Vorbilder)

großen Einfluß	wenig Einfluß	kein Einfluß	weiß nicht

Glauben sie, daß der Profifußball eher positive oder eher negative Vorbilder liefert?

eher positive Vorbilder	
eher negative Vorbilder	
weiß nicht	

Nennen Sie Beispiele.

14. Wer ist Ihrer Ansicht nach bei gewalteskalierenden Prozessen besonders gefordert?
Bitte bewerten Sie nach der Wichtigkeit (Doppelnennungen sind möglich).
(3= besonders gefordert; 2= gefordert; 1= nicht gefordert)

	3	2	1
der Schiedsrichter			
die Trainer			
die Betreuer			
die Zuschauer			
die Eltern			
Vereinsverantwortliche			
der Ordnungsdienst (Platzordner)			
andere (z.B. Stadionsprecher)			

Begründen Sie Ihre Wahl.

II. Ausländische Vereine/ Mannschaften, Spieler

1. Im Zusammenhang mit zunehmenden aggressiven und gewalttätigen Handlungen im Amateurfußball wird oft auf das Konfliktpotential verwiesen, daß durch ausländische Mannschaften/Vereine entsteht. Stimmen Sie dem zu?

	stimme zu	stimme nicht zu
a) durch die Zunahme ausländischer Mannschaften/Vereine steigt das Aggressions- und Gewaltpotential im Amateurfußball		
b) die Zunahme ausländischer Mannschaften/Vereine hat keinen Einfluß auf das Aggressions- und Gewaltpotential im Amateurfußball		
c) keine Zustimmung zu a) oder b)		

Bitte begründen Sie Ihre Meinung.

2. Glauben Sie, daß der vielfach behauptete Zusammenhang zwischen steigenden Aggressions- und Gewaltpotentialen und der Zunahme ausländischer Mannschaften/Vereine für alle ausländischen Mannschaften/Vereine in gleichem Maße gilt?

gilt für alle ausländischen Vereine im gleichen Maße	
gilt nicht für alle ausländischen Vereine im gleichen Maße	

Falls Sie der Ansicht sind, daß der Zusammenhang nicht für alle ausländischen Vereine im gleichen Maße gilt, benennen Sie bitte einige Kriterien zur Differenzierung.

3. Gibt es Ihrer Ansicht nach Ausländerfeindlichkeit im Amateurfußball?

Ja	Nein

Falls ja, steigt die Ausländerfeindlichkeit Ihrer Ansicht nach, oder sinkt sie?

steigt	
sinkt	

4. Wie interpretieren Sie die Gründung ausländischer Vereine im Hinblick auf die
    integrative Funktion des Fußballs? Behindern diese Vereine die Ausländerinte-
    gration oder leisten sie einen eigenen integrativen Beitrag?

Ausländische Vereine behindern die Integration	
Ausländische Vereine leisten einen eigenen Beitrag zur Integration	
Integration gelingt am besten in gemischten Vereinen	
Weiß nicht/keine Meinung	

Bitte begründen Sie Ihre Meinung.

5. Glauben Sie, daß ausländische Vereine sich zu sehr abschotten? Bitte nennen
    Sie Gründe für Ihre Meinung.

Ausländische Vereine schotten sich zu sehr ab	
Ausländische Vereine schotten sich nicht ab	
weiß nicht	

6. Wie schätzen Sie Sprachprobleme auf dem Platz ein?
    Glauben sie das sprachliche Mißverständnisse...

... Ursache für Aggression und Gewalt sind?	
... eine spezielle Eskalationsdynamik in Gang setzen?	
... Vermittlungsbemühungen behindern?	
... gezielt eingesetzt werden, um bestimmte Ziele zu erreichen (z.B. in die fremde Sprache ausweichen als Schutz)	
... keinen nennenswerten Einfluß haben	

(Mehrfachnennung möglich)

7. Gibt es Ihrer Ansicht nach eine Signifikanz hinsichtlich der Qualität aggressiver
    und gewalttätiger Vorfälle und ethnischen Merkmalen der Beteiligten? Können
    Sie ein Beispiel nennen?

8. Wie bewerten Sie die Bedeutung von Provokationen als Ursache für aggressive/
    gewalttätige Handlungen?

	stimme zu	stimme nicht zu	weiß nicht
gezielte Provokationen von deutschen Spielern gegen ausländische Spieler/Mannschaften sind häufige Ursache für aggressive/ gewalttätige Handlungen			
gezielte Provokationen von ausländische Spielern gegen deutsche Spieler/Mannschaften sind häufige Ursache für aggressive/ gewalttätige Handlungen			
mit Provokationen muss man immer rechnen, egal wer gegeneinander spielt			
Provokationen sind kein besonderes Problem			

Glauben Sie, daß bei allen Beteiligten genügend Sensibilität besteht, solche Provokationen frühzeitig zu erkennen und entsprechend schlichten zu können?

9. Glauben Sie, daß ausländische Mannschaften sich im Spielbetrieb grundsätzlich
    benachteiligt fühlen (z.B. weil sie die Schiedsrichter nicht für neutral halten) und
    deshalb aggressiver agieren?

Ja	
kann sein	
weiß nicht	
nein	

10. Glauben Sie, daß die Kategorie Ehre für ausländische Spieler/Mannschaften
    eine besondere Bedeutung hat?

Ja	Nein	weiß nicht

11. Fußball ist ein körperbetontes Spiel. Glauben Sie, daß es zwischen unterschiedlichen ethnischen Vereinen ein unterschiedliches Verständnis vom Spiel und seiner Körperlichkeit gibt? (z.B. technisches 'körperloses' Spiel (brasilianisches
Spiel) vs. kampfbetontes 'körperbetontes' Spiel (englisches Spiel)).

Ja	Nein	weiß nicht

Wenn ja, glauben Sie, daß aus diesem unterschiedlichen Verständnis des Fußballs zusätzliche Aggressions- und Gewaltpotentiale entstehen?

Ja	Nein	weiß nicht

12. Welche Integrationsanforderungen haben Sie? Würden Sie eine Art Integrationskontrolle begrüßen? Bitte begründen sie Ihre Ansicht.

III. Schiedsrichter

1. Bitte bewerten Sie folgende Aussagen zur Rolle des Schiedsrichters in aggressiven/gewalttätigen Situationen?
(3= stimme zu; 2= unentschieden; 1= stimme nicht zu)

	3	2	1
Der Schiedsrichter spielt eine entscheidende Rolle, weil seine Entscheidungen meistens zu Konfliktsituationen führen			
Der Schiedsrichter ist qua Amt der natürliche Schlichter			
Der Schiedsrichter ist nicht verantwortlich für die Folgen seiner Entscheidungen			
Der Schiedsrichter nimmt durch sein Verhalten (nicht nur durch seine Entscheidungen) Einfluß auf Entstehung und Entwicklung von Konfliktsituationen			
Der Schiedsrichter ist nur für die regelgerechte Durchführung des Spiels verantwortlich			
Der Schiedsrichter muß auch vor und nach dem Spiel durch sein Verhalten seinem Amt gerecht werden.			
Der Schiedsrichter verhindert am wirkungsvollsten Konfliktsituationen durch konsequentes und kompromißloses Verhalten			
Der Schiedsrichter verhindert am wirkungsvollsten Konfliktsituationen durch flexibles Verhalten			

2. Konsequentes Verhalten des Schiedsrichters schafft eine Distanz zwischen Schiedsrichtern und Spielern. Wie schätzen Sie die Position des Schiedsrichters ein?
(3= stimme zu; 2= unentschieden; 1= stimme nicht zu)

	3	2	1
konsequentes Verhalten provoziert die Spieler, weil sie es als Arroganz deuten			
konsequentes Verhalten gibt dem Schiedsrichter 'natürliche Autorität'			
konsequentes Verhalten setzt den Schiedsrichter einem zusätzlichen Risiko aus, weil er zuviel Distanz zu den Spielern hat			

3. Vielfach übernimmt ein Betreuer der Gastmannschaft die Schiedsrichterrolle.
    Halten Sie diese 'Vereinbarung' für angemessen, oder glauben Sie, daß dadurch
    bereits ein Risikofaktor entsteht, weil der Schiedsrichter nicht mehr als neutral
    angesehen wird?

angemessen	
Risikofaktor	
weiß nicht	

4. Gibt es ein besonderes Problem zwischen bestimmten Mannschaften/Vereinen
    und Schiedsrichtern? Wenn ja, welche?

5. Zur Rolle der Schiedsrichterassistenten: halten Sie die Praxis der von den Verei-
    nen gestellten Linienrichter für sinnvoll? Begründen Sie Ihre Ansicht.

ist sinnvoll	
ist nicht sinnvoll	

6. Erfahren die Schiedsrichter ausreichende Unterstützung?

Ja	Nein

Wenn nein, welche Unterstützung wäre wünschenswert?

7. Sind die Schiedsrichter genügend geschult, um in brisanten aggressionsgelade-
    nen Situationen angemessen handeln zu können?

sind genügend geschult und können angemessen handeln	
sind überfordert und können oft nicht angemessen handeln	
weiß nicht	

Falls Sie der Ansicht sind, daß die Schiedsrichter nicht genügend geschult sind:
Welche zusätzlichen Kompetenzen sollte der Schiedsrichter haben?

8. Wodurch kann ein Schiedsrichter - über seine normale Aufgabe hinaus - dees-
    kalierend einwirken? Nennen Sie ein Beispiel.

Falls Ihnen ein Beispiel eingefallen ist: Glauben Sie, daß jeder Schiedsrichter in
der Lage ist, sich so zu verhalten?

9.   Welche Erfahrungen gibt es bei Spielen mit ausländischen Schiedsrichtern?

10. Aus Sicht vieler ausländischer Spieler ist der Schiedsrichter Vertreter des Mehr-
     heitssystems (mithin der gegnerischen sozialen Gemeinschaft). Glauben Sie,
     daß diese spezielle Wahrnehmung ein besonderes Risiko für die Schiedsrichter
     bedeutet?

Ja	Nein

     Wenn ja, was ist zu tun?

IV: __Zuschauer__

1. Welche Rolle spielt das Zuschauerverhalten im Hinblick auf Entstehen und Verlauf
   aggressiver/gewalttätiger Situationen? Gewichten Sie folgende Aussagen nach
   ihrer Bedeutung
(8= sehr bedeutsam bis 0= nicht bedeutsam).

Zuschauer verstärken Aggressionen	
Zuschauer vermitteln	
Zuschauer bleiben neutral	
Zuschauer schreiten ein	
Zuschauer verstärken Aggression und Gewalt vor und nach dem Spiel	
Zuschauer setzen Spieler unter Druck	
Zuschauer besänftigen Spieler	
sonstiges Zuschauerverhalten	

2. Bitte bewerten Sie die folgenden Kriterien in ihren Auswirkungen auf das aggressive Verhalten der Zuschauer.
(5=sehr wichtig; 4=wichtig; 3=keine Meinung; 2=unwichtig; 1=kein Einflußfaktor)

	5	4	3	2	1
aggressive gesellschaftliche Normen und Werte					
Feindschaften					
aggressive Erwartungshaltungen der Zuschauer					
Ehrgeiz/Ansporn der eigenen Mannschaft					
Niederlage der eigenen Mannschaft					
schlechtes Spiel (der eigenen Mannschaft)					
Schiedsrichterentscheidungen					
Alkohol					
Gruppensituation (-dynamik)					
Unkenntnis über Regelwerk					
Provokationen von Zuschauern					
sonstiges (bitte benennen)					

3. Welchen positiven oder negativen Einfluß haben (bei Jugendspielen) Eltern auf die Entwicklung aggressiver Situationen auf dem Spielfeld? Nennen Sie Beispiele.

4. Welchen Einfluß auf aggressive und gewalttätige Stimmungen haben äußere Umstände, wie z.B. Platzzustand, Abgelegenheit des Platzes, Asche/Rasen? Nennen Sie weitere Einflußgrößen und begründen sie Ihre Wahl.

<u>**V. Fair Play**</u>

1. Gibt es "faire Fouls"?

Ja	Nein

2. Wie bewerten Sie "faire Fouls"?

Faire Fouls gehören zum Spiel	
Faire Fouls gibt es nicht	
Faire Fouls sind unsportlich	
Faire Fouls sind taktische Maßnahmen	

3. Glauben Sie, daß zum Wesen des Fußballs eher ein gewisses aggressives Grundverhalten ("aggressives Normensystem") oder eher ein Fair-Play-Ideal gehört?

aggressives Grundverhalten	
Fair-Play-Ideal	

4. Aus vielen Untersuchungen weiß man, daß mit zunehmendem Erfolgsdruck der Fairnessgedanke verwässert. Glauben sie, daß der Fairnessgedanke überhaupt eine Chance hat gegen das Erfolgsdenken?

Der Fairnessgedanke hat eine Chance gegen das Erfolgsdenken	
Der Fairnessgedanke hat keine Chance gegen das Erfolgsdenken	
weiß nicht	

5. Schließt das Leistungsstreben Fairness aus?

Ja	Nein	weiß nicht

6. Kennen Sie Fair-Play-Kampagnen? Wie kommen Sie an?

Ich kenne keine Fair-Play-Kampagne	

Ich kenne Fair-Play-Kampagnen und finde sie gut	
Ich kenne Fair-Play-Kampagnen und finde sie nicht gut	

Begründen Sie Ihre Ansicht.

7. Glauben Sie, daß Fairnessin der Gesellschaft ein anerkannter Wert ist? Kann Fußball die Akzeptanz dieses Wertes beeinflussen?

VI. Lösungen, Perspektiven

1. Kann man über Regeländerungen Einfluß auf aggressives Handeln im Fußball
   nehmen?

kann man	
kann man nicht	
weiß nicht	

2. Ist es erforderlich neue Regeln (im Sinne zusätzlicher Regelverstöße und ihrer
   Sanktionierung) zu formulieren? Welche?

3. Ist die Erhöhung von Ordnungsgeldern oder von Sperrstrafen grundsätzlich ein
   geeignetes Mittel gegen Aggression und Gewalt?
   Begründen Sie ihre Meinung.

Ja	Nein	weiß nicht

4. Welche Bedeutung haben Rituale, wie z.B. der Sportgruß für die Eindämmung
   aggressiver Stimmungen?

5. Soll zukünftig die "massive Beleidigung" ein Spielabbruchgrund sein? (Aspekt:
   Deeskalierende Vorbeugung durch Spielabbruch)

Ja	Nein	weiß nicht

   Begründen Sie Ihre Meinung.

6. Der Verbandsjugendausschuss hat Vorschläge zur Veränderung der Jugend-
   Spielordnung vorgelegt. Wie ist Ihre Einschätzung zu folgenden Diskussions-
   punkten:

   a) Ab welchem Alter halten Sie Sperrstrafen für notwendig?

   b) Was halten Sie von Einheitssperren im Jugendbereich?

   c) Was ist sinnvoller: Wochensperre oder Spielsperre? Bitte begründen Sie Ihre
   Ansicht.

   d) Was halten Sie von Bewährungsstrafen zur Verkürzung von Sperrstrafen?

Ich bin für die vermehrte Einbeziehung von Bewährungsstrafen	
Ich bin gegen die vermehrte Einbeziehung von Bewährungsstrafen	
weiß nicht	

7. Wären Ihrer Ansicht nach solche Ansätze auch im Seniorenbereich sinnvoll?

8. Welche Bewährungsauflagen könnte es geben? Bitte nennen Sie einige Vorschläge.

9. Ein systematisches Konzept des Bewährungsgedankens sieht die Funktion eines "Sportlotsen" vor. Dieser berät in Bewährungsangelegenheiten und 'lotst' die Täter zu ausgewählten Bewährungsmaßnahmen. Glauben Sie, daß eine solche Einrichtung in besonders schweren Fällen sinnvoll ist?

10. Zur Darstellung des Gewaltproblems: Glauben Sie, daß das Gewaltthema in der Öffentlichkeit (örtliche Presse) angemessen dargestellt wird?

das Gewaltthema wird in der Öffentlichkeit zu reißerisch dargestellt	
das Gewaltthema wird in der Öffentlichkeit angemessen dargestellt	
das Gewaltthema wird in der Öffentlichkeit zu wenig dargestellt	
weiß nicht	

11. Fühlen Sie sich in der Gewaltproblematik von DFB/FVM und in Ihrem Kreis genügend unterstützt?

Ja	Nein	keine Meinung

12. Welche Unterstützung würden Sie sich wünschen? (Mehrfachnennung möglich)

Mehr allgemeine Info-Materialien	
Mehr Infoveranstaltungen	
Einzelberatung	
Kampagnen	

vermehrte Spielbeobachtung	
Konkrete Handlungsanweisungen	
sonstige Hilfen	

13. Unterstützen Sie Verbandsmaßnahmen?

14. Ist Aggression und Gewalt ein Thema für Ausbildungsgänge?

Ja, unbedingt	
Nein, nicht nötig	
war es immer schon	
weiß nicht	

15. In welchen Ausbildungsgängen gibt es Ihrer Ansicht nach Defizite?

16. Würden Sie selbst an einer Aus- und Fortbildungsmaßnahme teilnehmen? Wenn nein, warum nicht?

Ja	Nein

17. Weitere Vorschläge. Bitte notieren Sie hier eigene Ideen, Vorschläge, Überlegungen zum unmittelbaren Handlungsbedarf im Bereich der Gewaltprävention. Gehen sie dabei von den unmittelbaren Anlässen und Bedürfnissen in Ihrem Kreis aus.

Vielen Dank für ihre Mitarbeit!